終於
成為自己

覺察內在原力的完整練習，
告別從眾，找到你的第一原理，
成就潛藏的真心渴望

Ozan Varol 歐贊・瓦羅 著
韓絜光 譯

AWAKEN YOUR GENIUS

Escape Conformity, Ignite Creativity, And Become Extraordinary

獻給所有曾經幫助我
喚醒天賦的老師——特別是：

Şakir Kan
Baise Kan
Neriman Minisker
Robert Rice
William Chisholm
Jonathan Rau
Anne Kozlu
Steven Squyres
William Birdthistle
Jane Latimer

天才就是最像他自己的人。

——爵士鋼琴手，賽隆尼斯・孟克

與內心蘊含的事物相比，眼前事和身後事都只是微渺小事。

——亨利・史丹利・哈斯金

原創包含回歸本源。

——據信出自建築師，安東尼・高第

目次

Awaken Your Genius

前言

醒過來吧

園裡有一隻貪食葡萄葉的蟲。一日他忽然醒來……他不再是一隻蟲。他是整串葡萄藤，也是整座果園，是果實，是枝幹，是不必貪婪吞食也源源茁長的智慧與喜悅。

——魯米，〈蟲的覺醒〉

在你做夢之際，夢很像現實。你會忽然置身於某個場景之中，不清楚自己怎麼來到這裡。但你不會納悶自己怎麼會回溯到童年，又是怎麼長出翅膀在天上飛的。只有醒來以後，你才會發覺剛才在做夢。

我們的人生也很像這樣。很難回想起自己是怎麼來到現在的處境？為什麼會做現在這些事？為什麼相信現在相信的觀念？想一想：你每天上班的路線是怎麼定下來的？刷牙的方式呢？你為什麼習慣睡在床的左側或右側？你端咖啡的姿勢呢？

你當初怎麼會採信你現在重視的觀念？與你的身分認

同緊密交織的那些看法又怎麼說？你的人生中可曾在明確的一刻宣告自己是自由派，或保守派，或兩者之間的某一派？

這些觀念有哪幾個真的是你自己選擇的？哪幾個是你所屬的群體、學校、家庭灌輸的？

很難說。

我們不太清楚自己怎麼來到這裡的，只知道就在這裡了，所以繼續前進。我們夢遊似地走過人生，所有事都陷在排練過的運作方式裡。我們遵照習慣做選擇，而非聽從渴望做選擇。我們重申相同的觀念、思考相同的想法、做相同的選擇，得到相同的結果。

在很真實的意義上，我們的過去成為我們的未來。過往的選擇支配著我們今日的行動。我們把自己拽進相同可預測的明天，在明天再經歷一遍昨天。

我們會說有的人標新立異，聽隨不同的鼓點前進。但這個被用到爛的形容背後，暗示**我們其他人只是聽從同樣的鼓點往前走。**這個事實真實到讓人侷促不安。從我們很小的時候開始，旁人就告誡我們不要惹事生非，要安分守己，而且不可以表現出勉為其難的樣子。

我們逐漸被不屬於我們的觀念框架界定。我們不知不覺走在前人踩出的路上，雖然那從來不是我們想走的路。我們聽從他人的指導，雖然對方既不認識我們，也不知道我們想去的地方。我們在別人畫出的線稿裡著色。

結果是，我們變成自己人生的配角。

對內在的破洞，我們習慣了向外尋找補丁，我們相信陌生人多過於相信自己。這種習慣的制約倒是幫了自助產業大忙：信用卡一刷，就能擁有「×× 三大心法」、「〇〇五大訣竅」。企業與政府在日趨成熟的演算法助長下，比我們還認識自己，也使我們格外容易受到控制和操弄。

在我們心底深處知道，我們理當不只這樣，我們來到這個世界上，不是來做一天到晚做的這些事。但我們感覺受到不自然的灌輸教化和編制禁錮，我們逐漸耽溺於我們想逃避的現實。

為了在這個世界上活下去，我們付出的代價是背叛自己的初衷，並且與內在天賦失去連結。

你的內在是一座龐大寶庫，蘊藏未經開發的智慧。構成你的，是你有過的每一個經驗、聽過的每一則故事、曾經是的每一個人、讀過的每一本書、犯過的每一個錯，是你生而為人美麗又混亂的每一片存在。使你**是你**的這一切——是正待被探索的巨大寶藏。

這些智慧全隱藏在你戴的面具、你扮演的角色之下，十幾二十年來的社會制約，教你要學老師的想法、學你父母的想法、學你所屬團體的想法，學網路紅人和思想領袖的想法——你該像他們那樣想，而不是聽隨自己的想法。

結果，我們對自己異常陌生。很多人從生到死都不知道自己真正的想法，也不清楚真正的自己是誰。

重點是：要說活出自己，沒有人比得過你。你是你最早遇到也會是最後遇到的人。如果你的想法是你這個人的延伸，如果你正在建構的東西，是你這個人天賦的產物，那麼其他人與你根本沒有得比。但若你抑制自己，如果你不主動拾取你內在的智慧，其他人也無法取得。那些智慧將會遺失，你擁有不了，這世界也擁有不了。

何妨把人想像成單片拼圖，許多片拼圖一起能拼合出美麗的圖像。每一片拼圖都很重要，每一片都獨一無二。假如十億片都是邊角，都是同樣的形狀和顏色，這幅圖不可能拼得齊。每一片拼圖的不同之處，也正是它對整幅圖有價值、有貢獻的地方。你要是複製或遵守別片拼圖的樣子，世界也會失去完整的形狀和色彩。

在我們之間，那些體現自己真實形狀顏色的拼圖很不簡單。他們與眾不同，因為他們不複製群眾。他們不隨外力擺布，因為他們會去塑造外力。他們不會受人誤導，因為他們知道這是自己的人生。

他們也體現不沾鍋材質的魔力，他們不受他人意見拘束，也不受自己過去的看法和身分束縛。他們無論思考或行動都由衷獨立，從自己內心深處直接提出創見。

這些不同凡響的思考者可謂天才。我說的天才，意思不是才華或智力出眾。借爵士鋼琴家孟克（Thelonious

Monk）的話來說，天才是「最像自己的人」。天才的英語「genius」這個字，在拉丁語源中指的是，伴隨每個人出生就存在的靈魂。我們每個人就像阿拉丁，我們的精靈——或我們的天才——沉睡在我們心底的神燈裡，等待被喚醒。

不同凡響的思考者，一旦喚醒自己的天才，會向周圍的世界分享。他們會引導這股讓自己存在的能量，轉化成只有他們能創造的藝術。他們不只是反抗或干預現況——他們重新想像現況，改變可行之事的基礎。借用蘋果電腦的廣告詞，這些人「不同凡想」（Think Different），他們不合時宜、叛逆、惹麻煩，是方孔中的圓釘。

但目標不只是追求想法不同於人。只因為別人靠右走，自己就靠左走的人，只是換個形式從眾而已。這樣的人依舊活在對他人的反應裡，並沒有活出自己的章法。抵制科學事實，寧可相信地平說和外星人控制政府等等陰謀論的人，也是同樣道理。他們以為這些理論是自身思考的產物，但事實上也無非是被一種集體敘事綁架。為反對而反對的人，反而讓自己的思考變得更加從眾。信念堅定不移，是心智保守的表徵，不是心智獨立的表徵。

我們在制約下已經習慣畏懼能獨立思考的人。讓人們自己思考做主，你便無從判斷他們會去向哪裡。獨立思考的人會不斷對現狀和受益於現狀的人構成威脅。當獨立的想法掀起騷動，君王會顫抖，統治會傾覆。

為自己思考，不表示你只能自己一人思考，也不代表你比別人優越，或者你就要愛上自己的思想，像自戀的納西瑟斯愛上自己的湖中倒影。孤獨的天才不過是個迷思。稍後我會解釋，由想法**不一**的人組成的多元團體，可以當你的明鏡，幫助你看見可能忽略的深度。有志一同但想法**各有不同**的樂團，每個成員各自彈奏自己最好的內在旋律，奏出的會是一首完整的交響樂，而不僅是各部份的總和。

在這個滿是操控的年代，當許多原本聰明的人也被懶人思考誘惑，在這種時候不只是被動做出反應，而是主動展開行動，該會是什麼樣的感覺呢？敢於確信你的觀念是出自於你的？敢於停止自動導航運作？敢於以領導者和創造者之姿開拓你自己的道路？敢於展現自己是一塊與眾不同的拼圖，而不是聽話把自己扭曲成其他形狀？敢於在宇宙天地間留下你的足跡？

這本書就是為有志在宇宙留下足跡的人寫的。這是一本為不講求實際的人寫的實用書。它會給你必要的工具，幫助你覺醒及發掘自己——發現這首人生交響樂當中只有你能彈奏的旋律。

這本書規劃成五個部份。

第一部份，*刻意捨去*，談的是**消滅不是你的你，好讓你開始發現真正的自己**。學習如何忘記你原本所學，怎麼樣在繫於某個身分、信仰、團體、工作、另一個人、舊有自我的情況下，放鬆所受的束縛。你會看到怎麼為你的頭腦清除淤塞，讓你找到內在天賦，關注真正在乎的事。你會學到怎麼解除安裝不自然的程式設定，拋棄對你不再有用的東西，捨去**既有的**，好讓你能夠去想**可能可以的**。

第二部份，*找出你的第一原理*，談的是**找到方法回歸真實的你**。怎樣找出你的第一原理、你的指紋、你的形狀和顏色，構成你的天賦的所有特質。你可以怎麼讓自己豐富化，並接受你的多樣性，不要掉入陷阱，把自己界定成一個靜滯、單一、不會演化的人。你會學到怎麼在人生中創造屬於你的多道門，而不是扭曲自己以便通過正好開啟的門。

第三部份，*解放你的內在原力*，談的是**點燃你的創造力**。如何代表自己思考、創造原真想法，汲取你內心的智慧、挖掘你的洞見，從無中創造出有。你會學到，**創意的重點其實不在於強迫念頭浮現，而更在於清除阻擋念頭自然流動的各種阻礙**。我會說明幾個實際做法，讓你能找到在內心汪洋深處悠游的那條大魚。讀完這個部份，你會掌握到進行重要創作時的實用策略——不論那是一本書、一門生意，還是一個突破性的發想。

第四部份，*去除外在雜音*，談的是**探索外在世界，找到內在和外在間的平衡**。可以用什麼辦法過濾資訊、偵測妄言，為什麼我們的理智那麼容易被禁錮，又要怎麼逃出嶄新、方便、流行的宰制。怎麼看向沒人看向的地方，看見沒人看見的事物，在平凡中發現不凡。你會學到成功故事為什麼是在唬弄我們、立意良善的建議何以常常誤導我們、你可以怎麼做來停止與人攀比。

第五部份，**迎向蛻變與未知**，探討的是**你的未來**。我會揭露人生為何不是一道階梯，而是一座攀爬架。提前規劃為何可能妨礙你看見更好的可能性。還看不見清晰路線的時候，又該怎麼向前邁開腳步。你會學到你的安全網為什麼可能是拘束衣、放手何以也是一種愛的行為、為什麼縝密規劃的人生形同死去了一半。

當你從過去的沉睡中醒來，你會像《駭客任務》電影的主角尼歐，母體的幻覺會散去，你會開始看見所有的 1 和 0。醒來的感覺很不舒服。浮現的新自我可能令你感到陌生，畢竟它被壓抑了這麼久。副作用包括頭痛、生存恐慌，以及朋友們的滿頭問號。

永遠會有理由使你繼續在別人為你畫的，或你為自己畫的線稿裡上色。拋下感覺舒適的，去追求感到不安的，踏入未知之中，看從未存在過的事物在此被創造，這種感覺必然令人苦悶難熬。

但就像小說家佐拉・尼爾・赫斯頓（Zora Neale Hurston）寫的：「世上沒有哪一種苦悶，比得上心中背負了故事沒說出來。」[1]這本書的存在，就是為了幫助你發現那個故事，開發你的內在智慧，催生你的天賦、你真實的自我——你理當成為的那個人。

你不需要紅色藥丸或者魔法紅寶石鞋，也能展開這段旅程。

你已經回到家了。

翻向下一頁，開始一步步回到自己吧。

為幫助你實踐本書介紹的原則，我在我的網站上創建多項免費資源，是本書的重要延伸。連上 ozanvarol.com/genius 可以找到：

- 各章重點摘要。
- 學習單、問題挑戰和其他練習，協助你活用本書討論的策略。
- 每週電子報的訂閱處，我每次會分享一個三分鐘內能讀完的大發想（很多讀者形容為「我每週唯一期待的電子郵件」）。

這本書想對你說的幾句話

我等了好久

就等你

拿起我。

跨越時空，我找到了你。

我看見你的所有故事。

你的瘋狂有魔力。

你的雙眼有光。

你的血管裡有奔湧的渴望。

你的嘴邊有未說出口的話。

你的基因放射光芒。

我在這裡當你的鏡子，

照出最好與最壞的你。

我在這裡當你的鏟子，

協助發掘早已在你心中的事物。

我在這裡一針見血

說出你不想聽的話。

但我不會為了討好你，改變我的說法。

我不會給你喝高糖汽水或調合茶。

我會呈上我的真實—就只有我美麗又混亂的大實話。

記住：我的真實不是你的。

你的真實在你心中。

我不會告訴你人生該怎麼活

（都聽別人說，你又何必活。）

我不是在授課或布道。

不會有結業考試。

你可以跳過我某些部份。

取走有用的，其他的留下。

儘管不認同我，說出我的疏漏。

問屬於你的問題，找出屬於你的答案。

我相信文字

（我畢竟是一本書！）

但我最深刻的信念超越話語。

我的話語會解鎖你的話語。

我的智慧會解鎖你的智慧。

我的故事會解鎖你的故事

黑暗中我會陪伴你，

等待你找回你的光。

我等不及

滿心歡喜

看見

與眾不同的你。

第一部分成三章

第一章　去框架：修復教育制度的傷害。

第二章　捨棄：放掉不是你的你，從而發現你是誰。

第三章　解毒：清空堆積的思緒，看見你內在的智慧，專注於對你有意義的事物。

第一部

刻意捨去

我會告訴你：

- 最差的建議（但經常有人反覆講）。
- 堅持到底為什麼反而可能形成反效果。
- 創新發想的反直覺方法。
- 你最稀缺的資源是什麼（提示：不是時間，也不是錢）。
- 想要活出自我，蛇能教導你什麼。
- 冥想不為人知的缺點。
- 我用來保持心態開放、避免認知偏誤的三個策略。
- 關於生產效率，我們被灌輸的最大謊言。
- 我們渴盼的一種情緒——以及它如何幫助你更認清自己。

01

去框架

重新審視你在學校、在教會，或經由任何一本書被灌輸的事，但凡使你的靈魂不適的都將之拋棄。

——華特．惠特曼，《草葉集》前言

「這孩子沒有毛病」

吉莉安．林恩（Gillian Lynne）小時候在周圍的人眼裡是個問題兒童。[2]她的功課很差，在學校別說專心了，坐都坐不住。過動到別人都笑她是扭扭蟲。那是一九三〇年代的英國，注意力不足過動症這個名詞甚至還不存在。林恩的母親擔心女兒有隱疾，於是帶她去看醫生。

這次醫生的看診將徹底改變林恩的人生走向。關鍵在於這名醫生**沒有做**的事。他沒有給林恩貼上「障礙」標籤。他沒有要她靜下來。他也沒有不自覺想治療她。反之，他決定聽從直覺。他扭開收音機，然後請林恩的媽媽與他一起先離開診間。

大人才走出去，林恩的身體就動了起來。音樂洋溢在空氣中，她也情不自禁跟著開始在診間翩翩飛舞，一度還跳上醫生的書桌。林恩日後在自傳中寫道：「我當下沒注意到，他的診間用的是那種漂亮的老式雕花玻璃門，而醫生和我媽媽就在門外看我。」[3]

看著舞動的林恩，醫生微笑轉頭看向她母親。

他說：「這孩子沒有毛病。她是天生的舞者，你該做的是立刻送她去學跳舞。」

（我們在這裡停個一秒好嗎？這位醫生多有**慧眼**啊？）

「送她去學跳舞」這條處方箋改變林恩的人生。進了舞蹈學校，她發現一整間教室都是像她這樣的人，林恩是這麼形容這群人的：「不動就不能思考的人。」

從此之後就是與舞蹈結緣的一生。林恩進入皇家芭蕾舞團，後又為《貓》和《歌劇魅影》兩齣音樂劇編舞，成為百老匯史上最長壽的兩齣劇。回想當年在醫生診間，林恩說：「我的整個事業……甚至可以說我的人生，真的都要歸功於那個人。」

世上的學校對待學生，多半就像航空公司對待經濟艙乘客一樣，每個座位同樣擁擠，每個人都發派同樣的鹹酥脆餅。無視每個人各自獨特的感知能力和好奇心，每個學生都按規定修相同的課程、上相同的課、學相同的公式。

方便嗎？很方便。有效果嗎？沒有效果。

要人對自己不在乎的科目感興趣是很困難的。天文學家卡爾・薩根（Carl Sagan）在學期間恨透了微積分。[4] 認為一定是某些變態教師為了「恐嚇」學生才發明微積分。直到他翻開科幻作家亞瑟・克拉克（Arthur C. Clarke）的書《行星際飛行》（*Interplanetary Flight*），看法才有了轉變。克拉克在書中利用微積分計算星際軌跡，相較於一味聽到「學微積分對你有好處」，薩根現在自己看到懂微積分有怎樣的好處了。他可以用微積分解他認為值得解的問題。

成長早年，推動孩子的是真摯的好奇心。他們目不轉睛看著這世界，滿心敬畏，沒有哪一件事是理所當然。他們走向人生，心中並未妄自認定自己知道（或應該知道）答案，而只是渴望去嘗試、去吸收。

孩子可能會問這樣的問題：如果地球一直轉動，我們怎麼站得住？如果地心滾燙，為什麼地面踩起來涼涼的？雲為什麼能飄浮在空中不掉下來？對這些絕妙的問題，成年人覺得煩，認為沒有問的必要。（何妨用點時間回答看看。）

「孩子入學時是個問號，畢業時成了句點。」作家尼爾・波茲曼（Neil Postman）寫道。[5] 有太多時候，學校糾正孩子的好奇心，孩子渴望追求自己感興趣的事物，學校把這股渴望打消。比起提出自己想到的問題，自己摸索找出答案，學生在校被迫記憶別人問的問題，背誦別人給的答案。

學生如果喜歡自己所學，做功課不會覺得辛苦，反而更像遊戲。喜歡上學也能提升學業表現。英國對一萬兩千多名學生進行的一項調查研究發現，表示自己喜歡上學的六歲學童，不論智商或社經背景，到了十六歲在標準化測驗的成績都高出許多。[6]

我五歲的時候，父母送我上幼兒園。但他們不像大多數父母替孩子選好幼兒園，而是對我說，想去哪一所學校由我自己選。當時我不知道，他們已經走訪過附近的幼兒園，挑出環境合適、學費也負擔得起的三間，給我做選擇。

我們三間幼兒園都走了一遍，我有機會詢問一些我重視的事（「你們有什麼玩具？」）那是人格養成的重大時刻，直到今天我依然銘記在心。我的人生中第一次感覺被授予權力，在父母給立的保護框架內自己做選擇。我可以為自己設想，而不是依賴他人替我設想。

告訴孩子可以「學這個」或「參加那個」並不夠好，就像「學微積分就對了」，雖然是忠告，但對薩根來說不夠好。可是你如果允許一個人追隨自己的興趣，為他們在乎的目標付出努力，他們就會活過來。

少花點時間解釋「規定」，**我們要這樣做**是規定，多花點時間說明「原因」，**我們做這件事是為什麼**是原因。讓你的孩子看見幾何學和分數運算能幫助他們修好腳踏車。向你的員工解釋，請他們執行的新行銷策略會如何幫助短期不見效但值得長期經營的項目。為你做的事注入核心目的，以此召集支持你的顧客。

如果能這樣做，學生會主動求知。員工會甘願為團隊努力。顧客會成為你熱情的擁護者。

因為毛病不出在他們，他們只是需要去上舞蹈班。而一旦他們動起來，也會推動這個世界。

「你今天在學校學到什麼？」

滲透，是分子通過半透膜以平衡內外濃度的過程。

我走來走去，死背高中生物考試的內容。我的大腦就是張半透膜，我來回踱步能進入某種恍神狀態，我的大腦才有辦法吸收我應該記住的資訊分子。

但我半點東西也沒學到。我只是在反芻一串定義滲透作用的無意義字詞，我壓根兒不曉得這些字串實際的意思。我不知道一層膜為什麼會是半透的（相對於全透），物質分子又到底怎麼知道要平衡濃度（它們有小腦袋說要這麼做嗎？）。

我其他科目也差不多。在化學實驗室，我們的「實驗」應該做出某個正確結果。要是沒做出那個結果（假如實驗有意料之外的發展），也不容許好奇深究，只代表我們這組的實驗做錯了，班上其他同學都集體跑去看電影了，我們還得重新再做，直到做「對」為止。

教育（educate）這個字，源於拉丁語單字「eductus」，意思是「引出」或「取汲」一個人「潛在或隱藏的東西」。[7]換句話說，教育的原意是要幫助學生滋育他內在既有之物發展成熟。

但教育體系絕大多數在做相反的事。

沒有取汲，只有填塞——填塞知識和事實。老師用課程「內容」填滿年輕心靈的空缸。學生靠滲透作用勉強吸收知識，考試前再吐出來反芻。教育完全淪為被動累積昔日的問題和昔日的答案。沒有人教學生怎麼樣修訂舊的事實，產出明日的知識，回答尚未有人問過的問題。

記誦並不等於理解。

你不可能靠記住瑜伽姿勢學會瑜伽。不可能讀一本騎單車的書就學會騎單車。你也不可能背熟滲透作用的定義就學會科學。就如物理學家費曼（Richard Feynman）說的：「知道某物的名字和了解某樣東西，兩者是有差別的。」[8]

講課教學法把焦點集中在講臺上的人。學生把思考外包給別人，依賴老師提供正確答案，很多學校靠這樣欣欣向榮。學校要求見到成果，老師被迫按照課綱配合考試進度教學，就算是用心良苦的老師，很多也被這樣的限制壓垮。犧牲獨立思考，換來單純、可評量的順從。聽老師的話就能獲得好成績和一紙文憑作為獎勵。

更不幸的是，這所有「學習」都在一個形似專制獨裁的環境進行。嚴格的等級位階受到捍衛。未經許可的行為一概須受懲處。解決基本生理需求，需要舉手請求許可。規矩怎麼定，全看人高興：像嚼口香糖並不妨礙學習，一樣會受到處罰。

教育單位雖然嘴上說重視創意，實務上卻都在阻撓創意，研究顯示，越有創意的學生，老師普遍越希望不要出現在課堂上。[9] 多篇研究重複調查都得到與此相同的結果：有創意的學生是離經叛道的學生，而老師往往不喜歡離經叛道的學生。[10]

結果到頭來，學校教導的是革除創意。孩子忘記怎麼創作藝術，忘記怎麼開口發言，忘記怎麼主動提出質疑和評判。受到獎勵的是和老師一樣、和校務委員會一樣，或和教科書作者一樣的想法——而不是擁有自己的想法，或懂得對學到的內容保有疑問。

我在這樣的制度裡出類拔萃。我在法學院以全班第一名畢業，畢業的學科成績平均積點（GPA）是法學院史上最高。這並不代表我比其他同學聰明，也不代表我就是母校出過最優秀的律師。（事實是，我短短兩年後就離開法律業界。）我的 GPA 成績就只代表一件事：我很擅長考試，很明白教授想看什麼。每一堂期末測驗考完，為考試準備的內容我幾乎轉眼忘光，少數記住的也很快就與時務不符。

大多數考試題本應該在封面用粗黑字體印上「開始假裝吧」這幾個字，讓每個應考的人明白接下來要做的事。[11]

開始假裝這場考試的題目很重要。

開始假裝每個題目都有絕對正確的單一解答。

開始假裝決定答案的人比你聰明百倍。

開始假裝答案永遠不會有變。

在這場「開始假裝」的遊戲裡，「是誰發現美洲大陸？」可能算得上是代表題。像這樣的問法斷絕了一切追問，只要求一個以歐洲為中心的唯一解，比方說：「哥倫布。」

但更有趣的問法是：「你怎麼得知是誰發現美洲大陸的？」[12] 這個問題甚至指向更多問題：「『發現』是什麼意思？」、「歐洲人抵達前，不是已經有數百萬人生活在美洲大陸了嗎？」、「原住民族一直都在這裡嗎？」、「如果不是，他們最初是怎麼來的？雙腳徒步？乘船？從哪裡遷來呢？」、「要去哪裡才能查到記載？」

上述這些問題很難簡單回答，卻才是學生在現實生活真正會遇上的問題。我們的學生畢業離開學校，滿身裝備只能在一個不存在的世界發揮，出了課堂毫無用武之地。他們頓感失落，因為人生遇到的問題從來不會有明確定義，也沒有明確定義的單一解答。

人生後來代表權威的人物可能會變——比如從老師換成主管，但隱含的態度仍然相同。主管要求配合，員工照章聽話。企業逐漸因為僵化的教條和抗拒改變而陷入困境。

所以別再問：「你今天在學校學到什麼？」這個問題只是延續過時的觀念，把教育看作苦心孤詣的奮鬥，唯一目的就是教導學生正確答案。

反過來，何妨問：「你今天好奇什麼？」或「你有興趣探討什麼問題？」或「你會怎麼找出答案？」或其他類似問題，用意是讓學生自主思考，對舊知識舊觀念打上問號。

孩子如果問你：「恐龍怎麼會滅絕？」請忍住開講彗星撞地球學說的衝動，反過來問孩子：「你覺得什麼能殺死恐龍？你會怎麼找答案？」孩子給了你一個答案，問更多問題讓他們回答。讓孩子體會到提問的方式往往不只一種，可能的答案也不只一個。

如果員工找上你說：「這個問題我該怎麼做？」別立刻給出迅速有效的解決辦法。讓他們自己提出方案試試看。如果只是把正確答案餵給對方，這種行為跟私人健身教練「幫」客戶舉重沒兩樣。

到頭來，翻新舊知識的能力，遠比反芻舊知識來得更為重要。

藝術家去哪了？

「在場有多少人是藝術家？」這是戈登·麥肯錫

（Gordon MacKenzie），與賀曼賀卡長年合作的藝術家，到學校演講都會問的問題。[13] 臺下的反應每次都如出一轍。

一年級的小朋友，全都爭相從座位跳起來，把手舉得老高。

三年級的小朋友，三十個人裡舉手的大概有十人。

到了六年級，只有一兩個人會難為情地舉手——班上其他同學則四處張望看是誰會承認自己這麼奇怪。

據說畢卡索曾這樣說：「每個孩子都是藝術家。問題在於長大以後還能不能是一個藝術家。」[14] 當學貸和房貸開始堆積，我們也陷入種種舊模式，忘記了心中的藝術家。

我們的語彙也反映這種轉變。我們甚至不再說是「藝術」了，我們稱之為「內容」。每次聽人介紹自己是「內容創作者」，我感覺有一小部份的自己也跟著死去。

所謂內容，是你往袋子裡塞的東西，是你在生產線上製造的東西。沒有人會想一早起床喝咖啡配「內容」。真正尊重自己的創作者也不會想生產「內容」。因為內容是常態，內容可以被替代，就如同內容創作者可以被取代，但藝術家不能。

藝術不只是藝術家領著少得可憐的補助金在工作室從事的創作。藝術不只展現於實物。只要你始終想著重構現狀——借用文學家詹姆士・包德溫（James Baldwin）深刻的名句來說，只要你始終嘗試打亂和諧——你在人生中做的任何事都可以是藝術。

你為工作構思的新策略是藝術。

你對孩子的教養是藝術。

你對家裡的陳設裝飾是藝術。

你說話的方式、微笑的樣子、生活的樣貌——全都是藝術。

你如果管自己的創作叫「內容」，或不樂於把自己想成藝術家，你的成果會反映你的心態。你創造的只會是平庸。你只會鞏固現狀。你會把人無聊到哭。也會與一個快速變遷的世界大大脫節，世界變化的速度要求我們每個人都得是藝術家。

藝術家霍華德．池本（Howard Ikemoto）七歲的女兒曾經問他：「你的工作是什麼？」[15] 他回答：「我在大學工作，教人畫畫。」她不解地問：「你是說，他們忘記畫畫了？」

是的，他們忘記了。你可曾看著鏡中的你，納悶發生了什麼事？你可能不覺得自己有鏡中的你那麼老。這是因為你內心有一個不老的核心，始終年輕，即便身體隨生理衰老。而在那個不老的核心裡，永遠有一間工作室常駐著一名藝術家——那是你心底那個一年級的孩子，會從座位跳起來向全世界昭告自己是藝術家。愈是頻繁與那個內在的藝術家重逢，重溫青春時的驚奇，我們也會過得愈好。

所以，拿出你象徵的蠟筆和手指畫顏料吧。

你的空白畫布還在等著你。

你會創造什麼呢？

02

捨棄

所有創造之舉，首先都是破壞。

——據信語出畢卡索

你披覆的表皮

蛇是轉變的古老象徵。[16]

蛇的外皮與人類的皮膚不同，不會跟著身體一起成長。[17] 終其一生，蛇的內裡會不斷長大到超過表皮，每到一個臨界點，蛇必須捨棄舊的外皮，以換上新的外皮。

這個過程很**不舒服**。蛇得摩擦、撕刮自己的身體，直到有辦法從舊的表皮爬出來。如果成功蛻皮，光亮新穎的表皮會取代舊的。如果蛻皮失敗，蛇可能會失明，甚至死去。

我的人生至今磨耗、捨棄過很多層皮：火箭科學研究者、律師、法學教授、作家兼講者。

每一次轉變前，總會先出現一種不舒服的感覺，好像有什麼不太對勁。我嘗試在這裡那裡做些調整，但終究會來到一個節骨眼，舊的表皮不再容納得了我的內在成長。原本合理的事不再行得通。

就拿我從火箭科學轉讀法律當例子。我大學主修天文物理，在火星探測漫遊者計畫（Mars Exploration Rovers）的團隊工作。我很喜歡為這個計畫效力，研商在火星表面施放探測機器人會遇到的實務考驗。但我對必修的理論數學和物理學本質上沒有愛。久而久之，我對天文物理的熱忱逐漸消退，倒是對社會運行原理漸漸產生興趣。雖然這代表我必須放下四年來在火箭科學投注的心力，但我尊重我的好奇心，既然我的好奇心流往不同的方向，我決定隨之攻讀法學院。

捨棄代表我會暫時失去平衡，但不捨棄會失去自我。

我們經常錯把表皮當成我們自身，但表皮並不是我們。我們只是此刻恰好穿著這一層表皮，它適合昨日的我們。但我們常常發現自己離不開已經不合身的表皮。我們死守一份頭銜漂亮，但榨乾靈魂的工作。我們留在失能的關係裡，不願承認行不通。我們犧牲「還可能是什麼」的潛在發展，選擇留在「也就是這樣」這個自己建起的囚牢裡。

你不改變現在的你，也等於選擇了現在的你。選擇維持現況同樣是個選擇——而且不是自然的選擇。我們的生理皮膚每一兩個月就會更新。[18] 但我們的信仰、關係、事業構成的表皮卻黏得很牢。

捨棄之理，與傳統觀念背道而馳。別輕言放棄，我們都聽過這個忠告。我們推崇恆心和毅力，往放棄貼上偌大的污名。放棄有失尊嚴。放棄代表你失敗了。「勝者永不放棄，放棄永遠不會獲勝。」多少人這麼說。

是的，很多人在應該堅持的時候放棄。你是不應該因為事情變得困難或跌倒幾次就放棄目標。但很多人在應當放棄的時候死命堅持。恆心很重要——但你如果因此蒙蔽雙眼，看不見其他可能性，那就未必了。行不通的事仍反覆去做，或某件事早已失去本來目的，你仍緊守不放，決心在這種時候毫無意義。

三十七歲與二十七歲的你已大不相同。懷疑的話，看看你十年前的社群媒體貼文吧。那是你過去的自我決定向世界分享的事，尷尬嗎，尷尬完後，再想想你又何必堅守那個人做的決定呢。你不必用昨日做的事，控制今日你做的事。

就算是正面意義的事，後來也可能成為負累。有個禪宗公案是這樣說的，有個人造了一艘竹筏渡過湍流，安全抵達彼岸。上岸後他抱起竹筏，開始往樹林裡走，竹筏開始鉤扯樹枝，妨礙這人前進。但他始終不肯放棄竹筏。這是我的竹筏！他大聲抗議。是我造的！是它救了我一命！可是要在樹林裡活命，他不能不放棄曾經在河水上救助他的竹筏。

別誤會：撕除舊的表皮絕對很痛很不舒服，這是必然無疑的。你披覆這層皮沒有二、三十年，也起碼有好幾年。它讓你覺得安全，覺得自在。久而久之已經化為你的身分，所以養成新的表皮，需要改變現在的你。

增加容易，減除卻難——真的很難。我們已然投入時間和資源去建立那樣東西，沉沒成本謬誤作祟，慫恿我們繼續原有的路（*我花了兩年做這個計畫，怎麼能現在放棄！*）我們於是就像一條頑固的蛇，牢牢巴住舊的死皮，不顧底下的新皮急著想長出來。

我們渴望尚未擁有的東西，卻又害怕失去現有的。

如果你在已經容納不下你的道路上曾經取得成功，此記你面臨的是另一個勁敵：你的自尊心。為頭銜、薪酬、榮譽欣喜的那一部份的你，不大力抗爭不會善罷甘休。它會拳打腳踢，會放聲尖叫，會盡其一切力量說服你，你正在犯此生最大的錯誤。你的自尊心會問：*這件事我做這麼多年了，如果我現在停下——如果我現在放棄律師或高階主管頭銜——我會失去什麼？更重要的是，那我會是誰？*

但你應該問另一個更重要的問題：

放下以後我會得到什麼？

我人生中的正面發展，很多來自減除，而非增加。比起我過去做的事，我更驕傲我在該停的時候喊停了。

你不採取行動——緊抓著穿不下的表皮不放，等於冒險放著一幅想畫的圖沒畫、想寫的書沒寫、想唱的歌沒唱，沒有活出想過的生活。留在沒有發展又榨乾你靈魂的工作，你不會找到允許你向世界發光發熱的事業。只因為已經讀了幾章，就堅持把一本劣書讀完，你不會找到那本撼動你直達內心深處的書。明明一再碰壁，卻還留在一段失能的感情裡，堅信自己可以「感化」對方，你不會找到真正能夠滋養靈魂的感情。

記住不行動的代價、停滯不前的痛苦，記住你的潛能會死去。俗話說得好，站著不動是行差踏錯的第一步。

更何況，捨棄在人身上經常是非永久的。你能做到蛇辦不到的事：如果你想念舊的表皮了，你還可以披回去。你可以重新來過。比方說，如果創業行不通，你還是能回企業上班。你依然擁有當初幫助你成功的所有能力，但現在你還多了創業者的觀點。回到曾經所在的地方，與從未離開有很大的不同。你將體會到，你找到了屬於你的地方——哪怕那個地方就是回到起點。

生活沉重之際，你可能會選擇抱著不再對你有益的竹筏不放手。若你感覺難以融入舊模式、舊關係、舊思維的時候——若你對照常工作心生厭倦，可能就代表你是時候蛻皮了。就算新的表皮還不是百分百合身，蛻去舊的表皮仍能帶來你迫切需要的人生主控感。向自己證明主導者是你，你能創造自己的未來，這便是無價的回饋。

植物需要定時修剪以保持健康、繼續茁長，人類也一樣。修剪掉不再適合你的事物——赤裸裸站在風中，任舊的表皮蛻去——你會開始看見自己。

消除掉**你不是的**部份，你就會發現**你是**誰。

你不是你的身分

我已經與我曾是的兩個人斷了聯繫。

——瓊・蒂蒂安，

《向伯利恆跋涉》（*Slouching Towards Bethlehem*）

我們從父母身上繼承了最初始的身分：美國人——蘇格蘭裔與德裔混血、天主教徒、猶太人。往後，他人加諸於我們的種種期待、理想、角色，各成為我們身分的一部份：蘇格蘭佬、怪咖、問題小孩。我們選擇的職業又再加一層：行銷人員、會計師、律師。我們自我認知的特質，往上加了更多層：「我是個完美主義者。」、「我不輕易表露情緒。」、「在社交場合我很尷尬。」

就這樣一磚一瓦，我們為自己建立起一個身分，界定自己能做什麼事、能相信什麼觀念、人生能成就什麼。繼而花費不計其數的心力去捍衛及維持這些身分。柯比・布萊恩（Kobe Bryant）曾說：「很多人，尤其是名人，容易為某件事而受傷，就是他們開始拿『自己是什麼』、拿世間看他們的方式來衡量自己，好比作家、演講者、籃球員。慢慢地，你真的會相信你的身分就是你這個人。」[19]

我的身分是建構出來的，是我們對自己講述的故事，是我們為求理解自己和自身在世界上的定位所鋪敘的情節。我們隨之成為這則敘述的囚徒，限縮想法、調整行為，以符合我們的身分。我們的語言往往也反映這個僵固的姿態。*我是民主黨人／我是共和黨人／我信奉素食／我信奉原始人飲食法。*

我們把身分和自我混為一談，但身分會遮蔽自我。身分哄騙你相信錯在你自己，但其實是身分妨礙你成為你。你的飲食習慣不是你這個人。你支持的政黨不是你這個人。你的履歷或你的領英（LinkedIn）頁面也不是你這個人。你住的房子或開的車說明不了你是誰。用單一、固定的身分描述自己，是在詆毀你的廣大開闊，也是在隱藏和壓抑你心中的豐富多樣。

到頭來我們屈就於身分，而不是改變身分配合我們。我們的自我敘述變成自證預言。如果你告訴自己，你在社交場合很尷尬，你會迴避社交場合，社交能力因此減弱，讓你未來更加尷尬。如果你告訴自己，你不輕易表露情緒，你會選擇活得處處提防，築起更高的牆。如果你自稱完美主義者，你會改變現實以符合這個標籤，不斷設法實現一些不可能的完美妄想。

身分也讓權威更容易把我們劃分成大分類和小分類。如果你的身分固著，演算法更容易推送你保證會買的東西給你，政治人物更容易設計出能煽動你情緒的訊息，媒體產業更容易針對受眾傳播能吸引你的內容。拒絕這樣的角色定型，才能把選擇的權力轉移回到你手上。

「我是……」之後愈少標籤，你才有愈多自由走進你所是的人。這也是佛家所稱的「空相」——捨棄身分的表象，才能明心見性。「成為誰也不是，然後可以是任何人，甩脫那些告誡你謹守本分、提醒你別人如何看你的枷鎖。」蕾貝卡・索尼特（Rebecca Solnit）寫道。[20] 如果你能讓演算法或行銷專員一頭霧水——沒有核對表能完整捕捉你的豐富面貌——你就知道你走對路了。

要讓你的自我誕生——讓你本應成為的人誕生——你必須忘記現在的你。本章接下來會分享一些建議，說明有哪些方法能幫助你解開身分的桎梏，重獲自由。

你不是你的觀念

你會發現我們牢牢相信的事實，很多其實大大取決於我們自己對事情的看法。

——歐比王・肯諾比，

電影《星際大戰六部曲：絕地大反攻》

學術界有句老話：學界的政治鬥得更狠毒，因為代價小之又小。我自己親身體驗到這句話是真的。早年當教授的時候，我因為寫了一系列反駁領域內傳統觀念的文章，得罪好幾名德高望重的學者。

印象特別深刻的是在一場研討會晚宴，有一名資深學者被我的著作觸怒，在宴會桌上朝我的方向厲聲飆出成串辱罵，嘴角同時噴出奶油乳酪義大利寬麵碎屑。（為了維持好品味，我就不分享他說的話了，雖然我很想。）

受到這樣的攻擊很難不往心裡去。我心跳加速，血壓升高，防禦心頓升，死守我的論點，彷彿那是一艘救生艇，能保護我免於將至的災厄。

我的學術觀念與我的身分相纏，成為我最大的弱點。那是**我寫的**文章、**我的**論述、**我的**想法——那是**我**。

我們一旦形成看法——形成我們自認萬分聰明的想法——很容易就愛上它。醫生愛上自己的診斷，政治人物恪遵黨規，科學家無視其他對等假設。我們的想法成為我們所是的人。我們的信念隨著一次次表達而僵固下來。我們逐漸難以區分到哪裡是我們的信念，哪裡開始是我們這個人。

不是事實推動我們的信念。是信念推動我們選擇接受哪些事實——同時也選擇忽略哪些事實。我們認定自己與事實和邏輯同一陣線，是對方對真相視而不見，但很多時候我們沒發覺，彼此的立場其實沒有不同。

當信念與身分融合，我們全心接受一套觀念只是為了保護自己的身分。任何人設法要我們改變心意，不管是自己，或不巧是別人，對我們來說都像是個威脅。聽到有人說：「我不喜歡你這個想法。」我們聽成：「我不喜歡你。」對事情的評判變成語言暴力，單純的歧見變成生死存亡的角力。

我在那場學術研討會的經驗，讓我想起一則寓言。有一群盲人生平頭一次遇到一頭象。[21] 他們每個人各自觸摸大象的不同部位，探查這種陌生的動物。有個人摸的是象鼻，說這種動物像粗壯的蟒蛇，另一個人摸的是側腹，說牠像一面牆。還有一個人摸到尾巴，說像一條繩索。在這則寓言的其中一個版本，眾人因為意見分歧，愈吵愈烈，互相指控對方說謊，最後大打出手。「明明像蛇，你這個笨蛋！」、「才怪，白痴，明明像牆壁。」

這則故事的訓示簡單明瞭：觀點造就現實。我們並未看見事物的**本來面貌**。我們在事物上看見**自己的面貌**。

我們的經驗或許準確，然而免不了主觀且有侷限。所見所感並非完整的真實。我們沒有看見屋裡的那頭大象，我們只感覺到一部份的它。當年我和資深學者就像寓言裡的盲人，深深為自己的信念所蒙蔽，看不見彼此的觀點。

現在與人意見分歧，我盡可能改採另一種態度。我不再立刻推斷他們一定錯了，我才是對的。我會問：他們的觀點可以成立，是不是有某一些部份是事實？他們看見什麼是我沒看到的？我遺漏了大象的哪個部位？

人與人來往，目的不是為了評判或責備對方——就算只在腦袋裡想也不是。目的也不是要說服或辯贏對方。研究顯示，我們愈想說服別人，我們原有的信念會愈僵固，反而更加說服了自己。[22] 反之，我們的目標應該是設法了解並好奇對方眼裡見到的大象——設法明白他們看見什麼，為什麼會那樣看到。你可以說：「跟我說說看吧」，而不是說：「你錯了，原因在這裡」。

要想做到這種好奇先於取勝的思維，這裡有個特別的方法。在你不同意對方的時候，先什麼都別說，先重述對方說過的話，**直到對方滿意為止**。[23] 反過來，對方這時候除非重述你說過的話到你滿意，否則也無法回應你。這個規則能中斷慣常的社交互動模式，以往你可能一心想著如何機智反駁，注意力其實並不在對方身上。下一次工作開會或對話起爭論的時候，不妨這樣試試看。記住村上春樹的忠言：「與人爭吵，非要吵贏，是在拆毀爭吵對象的現實。沒有人失去現實是不痛苦的，所以溫柔點吧，就算你是對的。」

每一次發現新的觀點，都會改變你看世界的方法。世界本身並未改變，但你對世界的認知改變了。如果我困在一個地方，只摸得到大象耳朵，我要想了解象鼻，唯一方法只有透過其他人類。這不需要你改變自己的想法，只需要你從他人的角度去看。亞里斯多德曾說：「一個有教養的頭腦，特點就是能考慮一個想法而不必然接受它。」[24]

要訣在於把你的身分與觀念分開，才能把兩者都看清楚，做誠實的衡量與評估，在必要時捨棄。唯有拿掉觀念構成的遮眼罩，才能更清楚看見這個世界——以及你自己。

以下三個方法可以練習這種思維：

1. 別把想法與你的身分融合

用臨時墨水寫你的看法，好讓日後還能修正。避免說：「我相信是這樣。」改說：「我目前對這件事的了解是這樣。」這樣的措辭表明你的想法和意見——與我們自身一樣，都是尚在進行的工作，還會不斷變化改進。就像艾瑪．高德曼（Emma Goldman）說的，「我相信什麼」是一個過程，不是最終定局。[25]

2. 緩和對自尊的打擊

改變想法最難的一環，是承認你原先相信的事現在錯了。這是多數人礙於自尊心不願意承認的事。

所以，對你的自尊心說它並沒有錯。為了緩和打擊，告訴自己，你當時只看到部份的大象——以你當時所知道的事，你的判斷沒有錯。但現在知道了新的資訊，看到了原本在大象身上沒看到的其他部位，你相信的事也應該改變。這麼做並不是在取消過去的你，你只是在更新自己。

3. 問自己一個簡單的問題

拿一個你堅守的信念問自己：怎樣的事實會改變我對這件事的看法？

如果答案是：任何事實都改變不了我的看法。那你並不是抱有看法。你**本身就是**你的看法。

複雜之美

是非對錯
的概念之外，
有一片原野。
我會在那裡與你相會。

——魯米，〈大車〉（*A Great Wagon*）

梅根在電話上對媽媽說：「我愛你，我愛你，我愛你。我們十天後再聊。」然後就出發去冥想靜修營。這對她來說，象徵分手以後人生翻向新的一頁。十天的內觀會幫助她復原。她選的靜修營提倡冥想是「宇宙給天地間所有疾厄的解藥」，使人從「一切苦難」獲得「完全的釋放」。

靜修期間，梅根必須禁用手機，聽命保持「高貴的寧靜」。每天盤腿靜坐在墊子上，專心感受呼吸，冥想近十一個小時。靜修到了第七天，梅根的狀況急轉直下。她開始在冥想時感到沉重，「巨大的恐懼」籠罩住她。她逐漸失去對現實的掌握——失去對自己的掌握。她不停地想：*這是世界末日嗎？我是不是要死了？是上帝在懲罰我嗎？*

梅根的媽媽和妹妹去靜修營接她回家的時候，梅根非常抗拒。她對著妹妹說：「你不是真的。是我創造了你，你只是我的投射。」回家以後，梅根的錯亂沒有緩解。靜修後幾個月，她自我了結生命。

我透過大衛・柯塔瓦（David Kortava）的報導文章第一次讀到梅根的悲劇時，不禁認為這只是極端特例。[26] 我自己維持冥想的習慣將近十年，向來大力推廣冥想的好處。主流觀念把冥想渲染成普世的解藥。亞莉安娜・哈芬頓（Ariana Huffington）在一次訪談中就道出這個觀念之盛行：「列出所有冥想能改善的症狀——憂鬱、焦慮、心臟病、記憶力、老化、靈感——聽起來和十九世紀蛇油的標籤沒兩樣！只差在這帖萬靈丹是真的，而且沒有副作用毒害。」

但現實往往微妙而棘手得多。對很多人來說，冥想有助於身心恢復，但對另一些人則相反。有一篇研究對總共八十三篇、涵蓋六千七百多名受試對象的冥想相關研究做了系統性回顧。其中六成五的研究至少提到一種冥想所導致的副作用。研究者做出總結：「我們發現，在冥想練習當下或事後發生『副作用』的情況並不少見，而且在過去未有心理健康疾患史的個人身上，也可能發生。」[27]

我和訂閱電子報的讀者分享這項研究，希望與大家一起思考，非黑即白、非善即惡、非對即錯、是非分明的僵固想法有何危險。那是我最受歡迎的一則發文，讀者大多對核心重點感同身受：世間沒有萬靈丹這種東西。就算是「好」東西，也不見得在所有情況下適用於所有人。

有趣的是，我因為這篇文章收到的仇恨郵件，也多過於近來印象中寫過的其他文章。底下是一個例子：

「你嚇得大家都不敢冥想了，你有什麼毛病啊？」

「這篇文章豈止是不負責任，我要退訂閱了。」

「你這個人不懂裝懂，加油點吧。」

很諷刺吧？最虔誠奉行冥想的一些人，對一篇只是介紹微妙與模糊地帶的文章，三兩下就生起氣來。

真稱不上禪定。

他們的反應我想再符合人性不過。我們誰都不容易忍受模稜兩可。把事物歸入簡單、固定的分類，就此不再變動，對我們來說容易多了。冥想很好，或冥想沒用。讀大學絕對必要，讀大學沒有意義。伊隆·馬斯克是大好人，伊隆·馬斯克是大壞蛋。

不僅看不見兩個極端之間的灰色地帶，我們還拒絕接受任何引發疑惑的證據。從這個角度來看，比起把冥想單一面向的好處曲解成普世良方，只是壓下同儕審查提出有關冥想的潛在副作用似乎還好一些。

我們對人也是這樣。我們把世界分成不是好人就是壞人，不是壓迫者就是受壓迫的人。這是好萊塢給的標準樣板：好人擊敗壞人，從此人人過著幸福快樂的日子。好人不可能做任何壞事，壞人也不可能有任何善舉。這當中容不下細微的差異或細緻的判斷。而且這個樣板很吃得開——因為它訴諸人的本性。

雅努斯（Janus）是古羅馬的雙面神。祂的超能力是能同時看往眾多方向。有獨立思考能力的人就像雅努斯，能同時考慮多個觀點。目的不是要化解矛盾或消除反對意見，而是接納它們，與之共存。是明白光可以是波，**也可以是**粒子。是理解冥想在一個人身上可能創造奇蹟，在另一個人身上卻可能造成傷害。

我們習慣二元思維有部份是教育體系造成的。學校是製造正解的工廠，不允許模稜兩可，也不允許細微差異產生干擾。例如，我們學到第二次世界大戰最後，民主同盟國戰勝獨裁暴君。但我們卻忘了蘇聯也在勝利國家之列。

課本裡找不到「我猜」二字。教科書裡沒有哪一條知識是暫定或還在改進當中的。世界由一連串非對即錯的單一答案構成，而找到這些答案的是遠比你更聰明的人，你的責任就是記住答案，然後繼續前進。

正解於是取代所有思考，成為理解的替代品，扭曲現實以符合論述，劃出鮮明區分以使不同觀點的人形同陌路。

我們跳過不確定，跳向絕對肯定。然而，沒有把握、保持心態開放的這個神聖地帶，才是察覺細微差異、為新的想法種下種子所需要的環境。不必一定要均等衡量所有觀點，或確定每個想得到的觀點都照顧到了。重點更在於保有開放的心境，明白一組事實並不一定否定另一組事實。

我喜歡寬鬆地持有我的看法。我思索念頭但不必然採納。我三不五時甚至戲謔地想自己算不算偽善：我想的是一套，做的卻是另一套。如果我感覺自己虛偽，我把這當作我的想法可能有變的徵兆——而思考方式時不時有變化是一件是好事。愈不執著於我的信念——這也正是冥想所教導的事——我愈有可能會改變心意。

費茲傑羅（F. Scott Fitzgerald）曾經寫道：「要驗證一流的智力，就是看這個人有沒有能力在腦中同時持有兩個相反看法，但依然能夠運作。」[28] 唯有擱下清楚分類的思考習慣，明白幾乎一切事物都存在於漸變的光譜上，現實才會開始浮現。在這個光譜上，答案會隨時間與背景改變。今天接近正確的答案，明天可能接近錯誤。

與其讓自己堅守單一看法，我們可以玩味眾多觀點，減少自己對其中任何一者的依附。比起照著一貫的鼓點行進，我們可以跳自己的舞，在意想不到的節拍中感受樂趣。

如果你能允許相互矛盾的想法共舞，又不讓腦袋炸開，它們將會譜出一首充滿即興樂音的交響樂，形成的新點子會遠遠勝過本來的想法。

採行這種思維心態，你便獲得切換觀點的魔法，能夠看穿單一面向的故事創造出的障眼迷霧。

說到底，複雜之中充滿如此多的美。比起單一正解的世界，豐富多樣的世界更加有趣——也更符合現實。

你不是你的所屬團體

亨利・泰菲爾（Henri Tajfel）私下對種族滅絕研究甚感興趣。[29] 他是波蘭裔猶太人，二戰期間為法軍效力，後被德軍俘獲但逃過猶太大屠殺，因為德國人並未察覺他是猶太人。泰菲爾雖然逃過一劫，但他的許多親朋好友未能倖免於難。他把社會心理學家的事業生涯奉獻於回答一個看似淺顯的問題：*是什麼原因促使人產生歧視和偏見？*

泰菲爾與同事做了一系列實驗。[30] 他們按照受試者對隨機題目的作答，把受試者分成不同組別。例如問受試對象，兩幅抽象畫中比較喜歡哪一幅。依照回答，受試者會與其他喜好相同的人分在同一組。

這些分組其實純屬人為，沒有多大意義。成員彼此之間沒有相似背景，也沒有能引起衝突的內在原因。但受試對象很快就發展出團體忠誠。更願意犧牲他組，把金錢酬勞分給同組成員——就算自己並未獲得報酬也一樣。哪怕如果換個策略，則兩組都能受益，他們也不容易改變心意。

換句話說，只需要極細微的差異，就能讓受試對象自動區分出「我們」和「他們」。只需要告訴大家，他們屬於這一組，而不是另一組，就足以激發人對所屬團體的忠誠，與對他者的偏見。

部落是人類生存經驗的核心。數千年前，效忠部落是活下來的關鍵。不遵從部落者會遭到放逐、抵制，更慘的是被拋下等死。

而今，部落以不同形貌留存在現代社會中。現代的部落圍繞不同身分成立——民主黨人或共和黨人、洋基球迷或紅襪球迷、書呆子或校園紅人、健身房派或居家健身派、聽流行歌或聽獨立樂團。

一旦分入團體，我們往往會認同團體，成為團體的一員。這個團體也成為我們身分的一部份。

團體本身並沒有錯。團體凝聚志同道合的人，創造交流的機會。但當團體意識把單純的競爭對手化為死敵，打壓不同想法，驅策個人去做自己並不想做的事，這時候拉幫結派就很危險了。

這種危險的團體意識，多發於渴望歸屬感的疏離人群之中。這年頭，誰不盼望有個歸屬呢？我們與鄰居疏離、與自然疏離、與動物疏離、與宇宙疏離，與絕大多數能突顯人性的事物疏離。

團體是一塊磁鐵，吸引著我們對歸屬感的渴望。團體能保證我們是對的，我們的道德優越於人。團體把我們引入另一個現實，再也看不見——更不用說理解——不同的世界觀。我們就如大衛．福斯特．華萊士（David Foster Wallace）所說，成為「驕傲的少數人，或多或少經常對其他人感到錯愕」[31]。

久而久之，團體身分成為我們的身分。一旦身分與團體混同，我們會交由團體決定自己適合讀什麼、看什麼、說什麼話、怎樣思考。我們接收社群媒體針對我們所屬群體普遍想法給的暗示，並乖乖配合。我們所屬的群體討厭某個喜劇演員，那我們也討厭他。所屬群體認定移民正在摧毀我們的國家，我們也就這樣認定。我們交出自己的聲音，交出自己的選擇。溫暖、融洽、令人心滿意足的歸屬感壓過其餘的一切——包括我們的自主思考。

我們聽信輿論，而非證據。我們根據說話者所屬的群體來判讀他說的話。我們接受所屬團體背書認可的資訊，不自己思考或調查真偽。反過來，我們拒斥來自競爭來源的資訊，不管資訊內容有沒有價值。

但凡有脫離團體的跡象——但凡與團體預期的行為準則有任何一點偏離，都威脅到團體的集體思想，對團體的確信帶來未知與動搖，升高其他人可能仿效的風險。所以如果你不聽話或不同意——如果你膽敢反抗自己的部落，或在涇渭分明的想法裡添加細微差異——你會被羞辱、被取消、被驅趕出門。

雷・布萊伯利（Ray Bradbury）在小說《華氏 451 度》（*Fahrenheit 451*）裡描述一個反烏托邦社會，政府不僅把書焚燒成灰，灰還要再燒成燼。這部小說很容易看作是集權國家焚燒禁書的警世寓言。

但在另一條隱晦的敘事線裡，真正的罪魁禍首不是政府，而是百姓。在《華氏 451 度》中，是那些團體——愛狗人士、愛貓人士、醫師、律師、左派人士、右派人士、天主教徒、禪宗佛教徒——澆灌汽油，點燃引線，逼迫政府也比照辦理。作者雖然控制不了他的著作會如何被解讀，但布萊伯利堅持這才是這本書首要傳達的訊息：以普通百姓模樣呈現的初階獨裁者，根除所有看似有爭議的想法，這和一個行壓迫的政府是一樣危險的。[32]

用於和緩團體排他意識，經常有人提出要有同理心。但研究顯示，一般人展現同理心也是懷有偏見的。[33] 是我族類可得我諒解，非我族類只能吃我一拳。我們貶低他們（我就跟你說吧）；排擠他們（你不認同我們，就是反對我們）；恥笑他們（真是白痴）。他人在我們眼裡，不是設法從其他角度摸清大象的人，而是道德敗壞或愚昧無知的人。

我們排斥不照我們標準行事的人。

我們排斥有不同觀點的人。

我們接著再排斥不排斥那些人的人。

頭腦聰明並不能抵抗這種傾向。事實上研究顯示，認知能力較高的人反而更容易受刻板印象影響，因為他們擅長看出模式和規律。[34]

科技雖然拆毀許多隔閡，卻也建立了其他隔閡。我們被演算法分進同溫層回聲室，被重述我們觀點的想法轟炸。看見自己的想法被他人反覆映照，我們的自信會向上竄升，觀點也變得益加極端。[35] 既然哪裡也看不見相反的觀念，我們就推定它不存在，或採信相反想法的人一定不正常。就算其他觀點偶爾有幾次出現在我們滑閱的內容裡，封鎖不看也很容易。只要退訂閱、退追蹤、解除好友就行——直到我們周圍全經過汰選，只剩下映照我們世界觀的人。

比大聲的辯論取代講道理的交流。不同團體的意識形態各不相同，但吵架起手式像到使人不安：*我的立場是基於事實和邏輯，但我的對手有偏見、不講道德，說穿了就是無知。他們要是敞開心胸——他們要是肯去讀某某書，或去聽誰誰的見解，絕對就會理解的。*

我們與他人來往，不是為了理解他們，而是為了向自己所屬的團體證明我們屬於這裡。表述論點變成我們在社群媒體和更多地方揮舞的會員證，好確保大家都知道我們是哪個陣營的。獲得認同的是我們的言論和觀念——不是我們這個人。

這些爭論無關對錯。而是一個偏誤與另一個偏誤較量，事實不存在於兩者之間。事實甚至不在這整個空間裡，哪裡也見不著。如果你發覺自己身處的環境只允許可接受的事實存在，你就要小心了。禁忌是不安全感的表徵。只有脆弱的城堡需要築起最高的城牆保護。想找出最佳答案不能用消去法，而是必須與其他答案交流。而交流要能夠發生，團體勢必不能奠立於禁忌和教條，而必須建立在推崇多元思考的基礎上。

我們如果只知道講道，只知道說教，只知道盲目嘗試把我們的真實加諸於他人，只知道澆灌汽油並點燃引線，允許所屬團體代替我們決定哪些想法可以接受，我們將難以看清他人，也看不清自己。而這是在危害人類的未來。

與對立的觀點交流就是反叛你的群體。藉由詢問另一個群體對某件事的看法，你也是在看見他們。藉由嘗試理解他們，**你也是在使他們人性化**。藉由探知他們的論述（他們的核心武器），你也是在減輕群體的力量。

而這正是我們需要做的事。只要不讓群體身分取代我們自己的身分——只要我們能獨立於所屬群體之外，發展出強而有力的的自我意識——我們就會懂得問沒有人問的問題，看見他人盲目自限而沒看見的事。

當你不與任何一邊苟同——當你既不屬於象牙一派，也不屬於象鼻一派，你就有機會成為那個後退一步，看見一整頭氣宇軒昂的大象的人。

我看見你了

Sawubona，是祖魯族人常用的問候語。[36]

不過比起單純的「你好」，這句話的意義深奧很多。Sawubona 字面的意思是「我看見你了」。這裡的看見，指的不單只是視覺上的看到。Sawubona 的意思是：「我看見你的個性。我看見你是一個人。我看見你的尊嚴。」[37]

Sawubona 說的是，你在我眼中不是一件物品，不是一樁交易，也不是一個頭銜。你不只是我在星巴克排隊買焦糖瑪奇朵時排在我前面的人。你不是你穿的運動衫，也不是你上一次選舉投給的候選人。

你存在。你是有意義的。你無法被簡化成一個標籤、一個身分或一個群體。你是某個人的回憶。你是一個活生生會呼吸的不完美的人，感受過喜悅和苦痛、勝利和絕望、愛和悲傷。對 Sawubona 傳統的回答是 ngikhona，意思是「我在這裡」，但意義同樣比字面更深：「這個回答告訴看見你的人，你感受到被看見、被理解，你的人格尊嚴受到承認。」[38]

這是個極其難得的特質，在今日世界上，我們就連與對手對眼都不願意，更遑論透過他們的眼睛去看世界。

Sawubona 不帶任何清高的姿態。它代表對他人的觀點感到好奇，而不嘗試說服對方改換想法。

它代表即使不贊同對方的所有行為，仍願意與對方交流互動。

它代表提醒自己，美發自於豐富的差異——包括思想的差異。

它代表把差異看成令人好奇歡喜的學習機會，而不是有待改正的問題。

它代表在一個停止觀察的世界選擇張開眼睛。

感受敬畏

「我的天啊！你們快看……就在那裡！」太空人威廉・安德斯（William Anders）驚叫。[39]

阿波羅八號任務是太空史上首度有載人太空船進入月球軌道。就在太空船繞月球行駛時，安德斯看見一個球體從月平線升起，不由得呼喚他的船組員吉姆・洛弗爾（Jim Lovell）和法蘭克・波曼（Frank Borman）快看。

那個球體就是地球。他們三人成為從三十八萬六千公里之外看見人類家園的第一人——這一刻也被他們捕捉下來，留下一張經典照片，取名為《地出》（Earthrise）。太空人 Astronaut 這個字源於希臘語，意思是星際水手——這三名太空人揚帆航向月球，結果也發現了地球。

從月球這個展望點上，人類首度看見自己。一顆藍白相間的圓珠，在宇宙死氣沉沉的漆黑背景前煥發生氣。國與國之間沒有邊界。在這個小球上各自安居於一方的人們，沒有理由互相憎恨。沒有道理讓我們的憂慮和成見遮掩生命之美。「看見地球的真實樣貌，小而藍且美，漂浮在永恆寧靜之中，」詩人阿克波爾德·麥克雷希（Archibald MacLeish）寫著：「也如同一併看見我們自己是地球上的乘客，我們是手足兄弟，在寒冷的永夜得以一起待在這個明亮可愛的地方。」[40]

任務期間，洛弗爾有一次伸出拇指抵著艙窗，遮住整個地球。五十多億人和他所熟知的一切就生活在他的拇指後面。地球「只是銀河系的一個小點，放諸宇宙更是消失於無形。」他寫下。[41] 洛弗爾不禁懷疑起自己的存在意義。他原先盼望死後能上天堂，但他此刻意識到，他生下來就已來到天堂。拉開距離反而看得清晰。「來到月球上看，國際政治何等瑣碎。」阿波羅十四號太空人艾德加·米契爾（Edgar Mitchell）這麼說。「你很想揪住政治人物的領口，把他拖到二十五萬英里外對他說：『好好看一看，你這個王八蛋。』」[42]

不論是前往月球，或是前往地球上另一片陌生的土地，就像皮克．艾爾（Pico Iyer）寫的，我們旅行「最初是為了丟失自己；而後我們再度旅行，是為了找回自己。」[43] 待在家鄉太久，你會心生厭倦，失去豐富的觀點。呼吸異地的空氣，能衝擊你走出根深蒂固的模式，讓你敞開心扉，探索全新的生活方式。

法語把這稱作 dépaysement，旅行異地所產生的迷失感。你的世界忽然間天翻地覆，你對合宜和不合宜的認知一夕翻轉。你學會笑看在家鄉會惹怒你的事物。多數成為少數。周圍迴盪你不認識的語言，你彷彿又回到新生兒，對母語也感到陌生。你再度成為天真的傻子。

這樣的情境很適合人拋棄舊有表皮。我們的信念、觀點、習慣往往與環境連動。改變所處的環境，逐除不再適合你的事物也容易得多。這也是為什麼很多抽菸的人發現旅途中比較容易戒菸。新環境裡沒有家鄉那些刺激抽菸念頭的關聯事物。[44]

《地出》這張照片之所以影響卓鉅，還有另一個原因。看見我們蔚藍的家園從月球灰暗的地表升起，觸動一種情感反應。那也是我們在大自然中渾然忘我、我們的孩子呱呱墜地，或沉思宇宙之廣時會襲上心頭的情感。

那種情感，名為敬畏——在我們的生活中極度缺乏。工作上心煩，回家有壓力，新聞一看就焦慮。我們極缺敬畏的滋育，這種最基本的情感把人我聯繫在一起，使人思想謙虛，但在我們身上逐漸喪失。

敬畏並不只是讓你起雞皮疙瘩。敬畏會喚醒你，讓你的自我安靜下來，讓你放鬆對舊有表皮的依附。有一系列相關研究，受試者看過夜空令人心生敬畏的影片後，對死刑的確信程度都降低了，也更願意與他人交流對移民議題的不同看法。[45] 另一篇研究則發現，敬畏能使人更意識到自己的知識漏洞。[46]

如果你深陷在固有的規矩裡，感覺被舊的表皮困住，去做點能感受敬畏的事吧。到陌生的土地迷路。晴朗的夜晚到外頭走走，吸收最能有效改變心境的物質——夜空。

待你回到家，你的家園不會有變化，但你改變了。「我們不應停止探索，」詩人艾略特（T. S. Eliot）寫道，「所有探索最後都會回到我們出發的地方，並且重新認識這個地方。」[47]

03

解毒

世上有許多事，智者寧可佯裝不知。

——愛默生（Ralph Waldo Emerson），

〈魔鬼學〉（Demonology）

解放你的心（其餘會隨之到來）

那是作曲家最大的噩夢。[48]

事先毫無預兆，他忽然開始聽見嗡嗡耳鳴。往後幾年間，他的聽力漸趨衰退。為了聽見自己的樂音，他會猛力敲擊琴鍵，往往把鋼琴也給敲壞。

他的耳疾持續惡化，而且治療無望。時間才十九世紀初，對於耳聾的事，人們所知甚少。聲音——這帶給他生命意義的東西——逐漸從他的生命裡永遠消失。

到了四十五歲左右，他一點音樂也聽不到了。

但他仍持續譜曲，儘管聲音只奏響在他的想像中。畢竟，音樂也是一種語言，而他用了一生熟諳到精通。他知道每個音符的聲音，知道不同樂器能如何和鳴。他不用聽見任何一個音也能寫出一整首交響曲。

耳聾使他殘缺，但也賦予他能力。他聽得見的愈少，譜出的曲愈有原創風格。「身為作曲家，耳聾非但沒有削弱他，可能還更強化他的能力。」他的傳記作家這樣寫道。[49]他早期的作品受指導老師海頓（Joseph Haydn）影響很大，但耳聾以後，他再也聽不見當時代的樂曲風格，所以也不再受其影響。其他音樂家的樂音從背景淡去，他自己的樂音開到了最大聲。

他的原創性，借耶魯大學音樂學教授克雷格·萊特（Craig Wright）的話說：「發自於殘疾迫使他聽見內在的聲音。」[50]耳聾容許他發展出一套獨特的作曲風格，把音樂淬鍊至基本元素。他再取用這些元素，透過反覆重複同一段和弦或節律，但一次次升高音階、增強音量，推動基本元素前進。這個風格使其日後被譽為音樂史上最偉大的作曲家。

使他成為貝多芬。

想像貝多芬坐在鋼琴前，心無旁騖，沒有人聲交談，沒有樂音，當然也沒有智慧型手機和網路。只有音符在他的想像中舞動。

對我們多數人來說，這種孤獨感覺震耳欲聾，所以我們寧可用他人的想法和意見把寂靜填滿。巴斯卡（Blaise Pascal）於十七世紀寫道：「人類一切不幸均來自於……不懂得如何安靜獨處一室。」[51]

從那之後，問題只更趨嚴重。獲取資訊從未比今天更容易。資訊取得容易帶來很多便利，但也使我們太容易看見他人的想法。在貝多芬的時代，想吸收資訊至少得去圖書館或書報攤。而現在只需要滑鼠一點、螢幕一滑，各種事實與意見便接踵而至。

每一則推播通知都奏著他人的曲調。每一封電子郵件都帶我們進入他人的現實。每一條即時新聞跑馬燈都把我們的大腦接入八卦和衝突。用莎士比亞的不朽名言來說，我們活在一個「滿是喧譁與騷動，卻無任何意義」的故事裡。

置身在這一切喧譁與騷動中，我們聽不見自己。他人的聲音使我們耳聾，他人的色彩使我們盲目。

當你調低其他聲音的音量，你會開始聽見一段幽微的旋律，一個新的聲音竊竊低語，感覺陌生卻又熟悉——好像以前就曾聽過，可你想不起是在哪裡。

到頭來你會發覺，那個聲音就是你自身的聲音。你會重新與自己相遇——相隔好久終於再見。[52]

這個時候，你隻身一人，卻不孤單。你有一個始終在你左右也永遠會與你為伴的人可以說話：那就是你自己。許多你忽略已久的想法，在寂靜中會乍然清晰可聞。

認識內在天賦之路，始於關閉外界的雜音。

你會發現，你心中有個聰慧的存在，早已經知曉你的故事下一章的發展，你的交響樂曲的下一段旋律。

你最稀缺的資源

我在半夜驚醒，滿頭霧水。我做夢了——夢到一條算式。我坐在教室裡，黑板上用粉筆寫著一道簡單的算式：

$0.8 \times 0.2 = 0.16$

先聲明：我很少夢到數學。偶爾夢到，通常都是大學期末考被理論物理學轟炸的惡夢。

這一次雖然不是惡夢，但那一道算式讓我異常煩躁。國中數學驗證：0.8 乘以 0.2 確實等於 0.16。而我煩躁的是算式暗藏的意涵：兩個數字構成的數值，可能比原先的兩個數字都小（0.16 的值比 0.8 小，也比 0.2 小）。

這個結果對於學天文物理的我很好理解，但在夢裡，我像個剛認識數學的人，瞪著這一道算式，完全不明白何以有此結果。怎麼可能？兩數相乘的積，不是應該比個別數值大嗎？

接著我才忽然驚覺這其中傳達的訊息：以分數做運算的話，數值會被打上折扣。

我們大多數人生活中做每一件事都像分數運算，只有一小部份參與其中。我們在視訊會議中一邊收信；我們對坐吃三明治，同時一邊滑手機，一邊把三明治塞進嘴裡。我們還沒起床就先查看訊息，起床後又不自覺查看更多次（以美國人來說，每天平均查看七十四次）。[53] 即時通訊軟體 Slack 的使用者，平均每五分鐘查看一次訊息——以頻繁到不可理喻的程度切碎注意力。Slack 號稱可提升工作效率，諷刺的是用的人完全沒了效率可言。

我們工作時想出去玩，玩的時候又擔心工作。我們置身在不上不下的狀態，既不完全在這裡，又不完全在那裡。結果是我們的產出慘不忍睹，產出的價值比不上投入的心力。空有一身能力卻只做到微乎其微。

此時此刻你的手機在哪裡？你與大多數人一樣的話，你的回答不意外會是「就在手邊」。我們與手機變得形影不離。走路看著，吃飯拿著，甚至帶進廁所共享最私密的時刻。手機是我們早上醒來第一個抓取、就寢前最後一件放下的東西。

手機誘使我們相信自己要是沒有時時刻刻「在線」，是不是會錯過某些重要資訊。但像這樣害怕錯過的同時，我們也逐漸忘了在乎自己最稀缺的資源。

你最稀缺的資源不是時間、不是金錢，而是你的注意力。說到注意力，我們會用「付出」當動詞是有原因的。對待注意力應當像你對待金錢（因為注意力比金錢更寶貴）。要儲蓄，要投資，要花在刀口上。也別忘了：現今很多標榜「免費」的服務，比如社群媒體，其實才不是免費的。你的注意力碎散，失去專心的能力，你其實付出了龐大代價。

注意力不能拆分：我們一次只能專注於一件事，所以注意力才這麼寶貴。經濟力量發現這個稀缺資源的價值，於是把它化為商品。社群媒體就屬於行銷注意力的產業。你把你的注意力免費交給他們，而他們賣掉你的注意力賺錢。你一打開社群媒體，他們就賺錢，你一關掉，他們就賠錢。

每時每刻，你關注的事物界定了你的現實。你付出的注意力，會在你心中強化並放大你關注的事物。改變現實最簡單的方法，就是改變你使用注意力的方式。

看見一位有魅力的領袖，人們往往會說：「她讓我覺得這整個空間裡就只有我。」想像你對自己做的每一件事，也付出那樣全面的關注——把那件事當作整個空間裡**唯一的**一件事。

不只要深度工作，借卡爾．紐波特（Cal Newport）令人一讀難忘的話來說，玩也要深度。深度休息、深度聆聽、深度閱讀、深度去愛，深度於萬事萬物。

這種思維要求人了解自己的極限。以我寫作為例，持續寫兩個小時左右，我的產出會開始驟減。到了第四個小時，我的運作效率只有最佳狀態的兩成。要是再繼續逼自己，我知道我只會寫出一堆廢話，再去修改都不值得。這時候最好雙手離開鍵盤，把注意力投向其他事情。

國際權威的成癮專家尼可拉斯・卡爾（Nicholas Carr）寫道：「其實很簡單，同時放電的神經元會連結在一起，不同時放電的神經元也就不會連結在一起。」。[54] 你花愈多時間來回在一個又一個分散心思的事物間彈跳，愈少時間專心於單一件活動，支持舊有功能的神經網絡也會開始衰弱。我們翻開一本書，發現自己讀了又讀還在同一段。我們坐下來看一部電影或與人促膝長談，很難在中途忍住不伸手去拿手機。我們的注意力不停跳閃。

美國知名學者赫伯特・西蒙（Herbert Simon）曾說：「資訊的豐饒，造成注意力貧窮。」[55] 如果你的注意力破碎，不自覺被拉往千萬個不同的方向，那你能記住的事不會太多。你無法觀察出事物的關聯，點連不成線，也難形成新的創見。你等於無法思考。

學術研究也支持這個可想而知的結論：重度習慣一心多用的人，在簡單的認知記憶事項表現較差。[56] 當你注意力超載，你消化資訊並轉換為長期記憶的能力也會大幅下降。

只是全神貫注做一件事並不足以解決這個問題，重點是選擇這一件事就要放下其他事。重點是保護你的注意力不被撕成無用的小屑屑，拒絕像一般腦力勞工一樣，平均每十分鐘左右就切換正在做的事。[57]

你的注意力必有目的，你的專心必有目標。我們經常任憑衝動引導行事，看完一條訊息就滑向下一個，看完一封郵件就點開下一封，生活成了一團忙忙碌碌的模糊光影。但如果你慢下來，片刻也好，有意識地把全部的注意力給向下一件要做的事，你會啟動內在的心臟去顫器，用猛烈的電擊讓你起死回生，引領你更接近你的完整潛能。

這就像是一個有魅力的領袖走向你，與你握手問候說：哈囉，某件事，真高興見到你。我現在選擇與你互動。我會把你當成這個空間裡最重要的人，漠視現場其他人。

每天問問自己：我今天希望怎麼使用我最稀缺的資源？我希望注意力導向哪裡？也問問：我花費心思注意了哪些不值得注意的事物？關注那些東西時，我漠視了什麼？

0.8×0.2 ＝ 0.16。我後來用便利貼寫下這道算式貼在書桌上。要活得充分，不要只活成分數，這一點值得時時刻刻提醒自己。

這東西有毒

蒼蠅停在驢尿灘裡的一根稻草上，

不勝驕傲，抬起頭說：

「瞧我是一船之長，

統馭這一片汪洋！」

——魯米

「你的數位早晨例行公事是什麼？」他問我。

「數位早晨什麼？」我反問。

「數位早晨例行公事。」他重複一遍。「就是你每天早上會先開哪幾個應用程式或網站。」

我才不是那種有「數位早晨例行公事」的人。我忿忿不平正打算回嘴，但張嘴要說話前的一剎那，我意識到自己差點就說謊了。

沒錯，我的確有數位早晨例行公事。每天早上——甚至晨間第一杯咖啡都還沒沖，我就會依次點開 Instagram、Facebook、我喜歡的新聞網站和體育新聞網站。現在什麼話題正流行？我想知道。有沒有人替我的貼文按讚？我想知道。發生什麼重大新聞嗎？我想知道。

我遵行這一套例行公事，讓自己與社會接軌，與人保持連結，但實際作用可能正好相反。這在數位世界就相當於每天囫圇吞下一大桶 M&M 巧克力當早餐。我反而失去所有現實感，在一池的 0 與 1 中煎熬我的腦袋，把自己弄得反胃作嘔。

資訊就像食物，有些是有毒的，就算是健康的資訊，服用過多也可能形成毒害。資訊一經吸收，會在你腦中作亂，在本來就擁擠的環境佔去寶貴空間。資訊叫 in-formation，意思即是會從內而外建構我們。你攝取廢物，你的生活也會跟著廢。垃圾進，垃圾出。

網路這一口無底的大水缸，不停重新填滿新的垃圾。每天早上等我們終於滑完一輪社群網站，我們已經落後了。該重新打起勁追趕我們錯過的一切了。這就像一場沒有盡頭的打地鼠遊戲，使我們的心智持續處於過度施力、過度換氣的狀態。

想像有人把你每天消化的資訊全數收集起來——你朋友更新的臉書動態、騙點閱的農場文章、推特上一連串沒有意義的推文——彙集成一本書，然後對你說：「請你把這些從頭讀到尾。」你十之八九會說才不要。但當這些資訊被打得零散，在一天中每次餵給你一點，就變得很容易消化，彷彿是千刀萬剮的緩慢凌遲。

更糟糕的是，火熄滅後，煙霧還會繚繞不散。就算我們開始做別的事了，心中還是會暗暗擔心收件匣有一封工作信未回、羨慕朋友去海灘度假拍的照片，或好奇某個網紅此時此刻會在做什麼。

有些資訊誰都知道是垃圾——例如你的前任現在和誰交往、去了哪裡？或是那一篇騙點閱率的內容農場文，標題叫〈十個長大後崩壞的可愛童星〉。

也有一些垃圾資訊會佯裝成健康食品。例如能輕易打破熟悉循環的突發新聞，或假扮成中立報導的社論意見，目的是要撩動我們的情緒。

為吸收這一類資訊找藉口很容易。我們被誘導相信自己應該「跟上潮流，關心時事」。尤其在社會與政治動盪劇烈的時代，更感覺迫切需要獲取資訊——但造成這種急迫感的，正是因為缺乏空間好好思考。

小說中，福爾摩斯把大腦比喻成空的閣樓。你可以任選家具裝潢你的大腦閣樓，只是空間有限，你每往大腦放進一樣東西，就得拿掉另一樣東西。

想一想以下這些令人訝異的數字吧。二〇二一年，每人每天平均用在社群媒體上的時間是 145 分鐘。[58] 一般成年人平均每分鐘閱讀 200 到 260 字。[59] 一本書平均約有 9 萬個字。如果一般成年人不看社群媒體，改成看書的話，每年可讀完 118 到 152 本書。你每花一分鐘在消化垃圾資訊，就少花一分鐘去看也許能使你重獲新生的某一本書。

好奇我都往我的大腦閣樓放些什麼嗎？以下是我做的代換。

我會盡量找訊噪比高（即含金量大——重點多、廢話少）的資訊來源。我通常偏好有聲書勝過 Podcast，書勝過網路文章，長青報導勝過即時新聞。原因很簡單。書經過縝密的多方訂正和編輯，這是大多數 Podcast 和網路文章做不到的。寫一本書可能要花一年，但打好一篇部落格文稿只要幾小時。兩小時的 Podcast 對話可能蘊藏一枚寶石，但兩小時的有聲書有可能改變你的人生。

基於許多原因，我嚴謹地限制自己所接收的新聞。由於廣告推動的商業模式，使得新聞不再是對全球事件的忠實報導，而是化成了一種娛樂形式。新聞成為一種知識份子的職業摔角賽：編排好的劇情在擂臺上展開，讀者各自為支持的摔角選手喝采叫好，觀賞雙方抓著折凳痛毆對方。

更有甚者，實際發生的新聞追不上對內容的龐大需求，所以舊聞也被回收再利用，同一條驚爆頭條可以用十來種不同方式一再驚爆。我們關注新聞，希望把握最新現況，但新聞到頭來只是不停人為生產的情節與衝突，反而讓我們**難以**把握現況。媒體反覆按下我們大腦杏仁核引發情緒的按鈕，滿足我們的憤怒，觸發我們的焦慮。

新聞也扭曲我們對現實的感知，許多真正重要的事卻被認為沒有新聞價值。我們受到標題催眠，認定世界黯淡無望，充滿憤世嫉俗的言論。很多心理健康疾患就如科幻作家羅伯特．海萊恩（Robert Heinlein）所寫：「源自我們有一個沒必要也不健康的習慣，喜歡沉溺在五十億陌生人的煩惱與罪惡之中。」[60]

比起陷在全時段新聞循環播放帶來的狂熱和臆想裡，我寧可等到塵埃落定——等真相多多少少明晰以後，再去讀發生的事。我期待看到這種神智清醒的回顧，通常出現在書裡，或是話題冷下來以後才刊出的長篇報導內。

我也會利用「稍後閱讀」和「稍後觀看」清單。看到某篇文章或某支影片好像很有意思，我通常不會立刻觀看，而是點一點滑鼠，先存進我的「稍後閱讀」或「稍後觀看」清單。時間醞釀下，很多在那當下好像不看不行的東西，到頭來也只是無聊的垃圾。每隔一段時間，清單儲存的東西半數會被我刪掉。我的目的是像奧利佛·伯克曼（Oliver Burkeman）建議的，把這些清單「當成河流（河水從身旁流過，你三不五時從中選擇一些物品打撈起來），而不是一桶水（要求你把它喝乾）」。[61]

這些是我做的代換，但不見得適合你。你的大腦閣樓是**你的**空間，應由你決定要放什麼進去、哪些能留下。你若不曉得如何自己做決定，會有別人替你做決定，而那個別人依據的會是他們的最大利益，不會是你的幸福快樂。

思想頌

嗨，我是一個思想。

我是千百萬個念頭的產物，千百萬個不同的念頭匯集，迸發我的存在。

我等了好久，始終在等有一天能在你腦海浮現。

我決定今早在你沖澡的時候向你現形，你的潛意識通道往往會在這個時候打開片刻。

所以我在這裡了，像你腦中一聲遙遠的回音。我還不清晰，還只是閃過的靈光。像輕輕的推一把；像一個纖薄的泡泡，從你的心底漂過，在你的空氣中緩緩飄升。

我敲了敲你心智的大門。叩叩叩，有人在嗎？我在這裡！你看見了嗎？我帶了禮物上門。是你沒注意到的一個靈感；是一個深刻的見解，能解決困擾你已久的問題；是一個你忽略掉的機會。

可是沒有人應門。你心中的雜音太多了，根本沒聽見我。你走出浴室，擦乾身體，抓起手機。

泡泡破了，我從此消失。

抗拒衝動

想像有兩盒餅乾。

其中一盒，每片餅乾有獨立包裝，想吃一片就要撕開一層鋁箔紙。另一盒餅乾沒有包裝，也沒有隔層，拿起來就能直接往嘴裡送。

研究發現，兩者區別雖小，最後卻造就很大的差異。[62] 個別包裝的餅乾，一般人比較久才吃完一盒。同樣道理，相較於所有錢放在同一個信封裡，如果錢被分裝在多個信封裡，人們也比較不會拿這些錢來押注。

多了分隔——不管是錫箔紙包裝或信封——使人比較能夠意識到自己的行為。被迫停下想一想正在做的事，使人的自制力提高，把無意識的衝動轉換成有意識的選擇。

同樣方法對管理腦內雜音也很有幫助。沒必要拿鋁箔紙包住手機（雖然應該很有用）。你的目標是在你自己和你最衝動的行為之間插入一塊減速墊——把生活放慢到你可以暫停片刻，想一想你真正想怎麼做。我真的想繼續往嘴裡塞餅乾嗎？我真的想繼續滑手機嗎？點下這個按鈕，真的是我現在能做的最快樂的事嗎？

治療不一定要戒絕。你不需要丟掉智慧型手機或戒用社群媒體。對多數人來說，馬上要他戒除壞習慣不僅很難持久，甚至也不是個好辦法。總而言之，對於全有全無的做法我是很懷疑的，表面上症狀好了，但背後病因可能還原封不動。就像減肥，一停止節食，多數人又會復胖。

我們的目標是要多一點自覺，少一點衝動。在你發覺自己又快忍不住為你喜歡的娛樂分心時，先暫停片刻。觀察癢處，不要去抓。問問自己：我現在想滿足什麼需求？是什麼讓我有此衝動？我們投向娛樂的事物，往往是為了滿足某個未獲滿足的需求，尋求欣快感、逃避、滿足好奇。

但娛樂的事物未必能滿足這些需求。娛樂或許三不五時能帶來短暫的欣快感，可是感覺很快又會消退。我們以為這些事物能激發喜悅或增添意義，但其作用往往相反。我們在娛樂中陶然忘我，渾然不覺身體已經嚇壞了。

這裡有一個小小練習。來，現在把書放下，拿起你的手機。至少花十分鐘瀏覽你的娛樂來源——社群媒體、電子郵件、股市，什麼都好。等你從兔子洞抽身以後，再回到這本書來。

現在捫心自問。你的感覺怎麼樣？覺得滿足嗎？開心嗎？或者覺得有一種難以言喻的不安？有一股壓力在不深處嗡嗡作響？還渴望更多的欣快感或滿足更多好奇？

我自己的感覺通常是這樣：推特讓我焦躁；臉書讓我以為又重溫中學時代最難堪的時光；Instagram 讓我感覺「不如人」；新聞讓我覺得全世界不久就要下地獄去。

我之所以比較能抵抗陷溺在這些娛樂裡，靠的不是自律。而是在反覆觀察自己以後，我學到這些東西往往只會害我心情更差。

這些社群媒體明明經常讓我們自覺像個廢物，我們卻還是會回去打開它，因為他們利用各種獎勵機制，拿捏住人的心理弱點。實驗環境下的老鼠對間歇強化（intermittent reinforcement）反應最強烈。如果每一次壓桿都能得到零食獎勵，老鼠到最後會失去興趣。但如果獎勵時有時無——有幾次能吃到零食，有幾次什麼也沒有，老鼠就會被吸引住。

研究指出，多巴胺分泌增加不是因為獎勵本身，而是來自對獎勵的期待。而若獎勵來得不按預期——如果在等式中安插「可能等於」——多巴胺會因此猛烈分泌，不亞於古柯鹼帶來的增強量。[63] 這是吃角子老虎機特別令人上癮的原因之一。你不斷重複壓下拉桿，但只有偶爾幾次中獎。

看到那些中老年人在角子機前一坐幾個小時，漫不經心壓著拉桿，你可能覺得很可憐。但你每天滑著手機，其實也在做同樣的事。每一次你點開收件匣或社群媒體貼文串，就相當於壓下拉桿。我們的手機像施捨零食給老鼠似的，在籠外對我們晃著偶來的小愛心，跟角子機不知道何時會中獎一樣，好東西說不準何時會出現。我們儼然成為數位吸血鬼，貪婪地吸吮貼文，永遠在期待能中多巴胺大獎。

俗話說得好，只有藥頭和矽谷公司會稱顧客是「使用者」，不是沒有原因的。差別只在於社會接受數位成癮而已。去機場航廈到處看看，假如每個低頭族不是在吸食數位奶嘴，而是都在吸菸，我們絕對會說社會病了。

不同於網路的不定時獎勵，時間按部就班向前開展，所以我們不以為意。時間嘛，總會有的——直到再也沒有的那一天。

你想怎麼花費你在地球上有限的時間？你希望回顧一生才驚覺自己揮霍了大把時間在更新某個網紅的近況嗎？還是你希望自己專注於對你有意義的事，創作你為之自豪的藝術？記住安妮・迪拉德（Annie Dillard）不朽的智慧：「我們怎麼度過每一天，想當然耳，也就怎麼度過了一生。」

你跟不上的

我覺得很慚愧。

我為書架上還有好多書沒看覺得慚愧。

我為 Podcast 清單裡很多節目還沒聽覺得慚愧。

我為沒點開的電子報和沒空看的經典電影覺得慚愧。

我為信箱裡還沒回的電子郵件覺得慚愧。

我羨慕活在十六世紀的人，反正接觸不到印刷業，更沒有網路，自然也沒有義務要「跟上」二十一世紀的人類後代每天面臨的海量資訊，不過羨慕他們也讓我覺得慚愧。

意識到這件事也讓我慚愧：我跟不上。你也跟不上的。**沒有人**跟得上。

誰也不可能搶在冰淇淋融化前吃完甜筒。

我說的不是你**不太可能**掌握所有動態，我說的是你**絕對**做不到。雖然你的盤子滿到爆炸，可是你對盤裡每一樣東西都「瞭若指掌」——這一天永遠不會到來，哪怕是遙遠的未來也不可能。

聽起來好像很悲哀，但其實你該覺得如釋重負才是。我就是在明白自己不可能跟上以後，才有辦法專注於真正重要的事。我開始更懂得篩選自己吸收的資訊，更容許自己按下解除訂閱。人生苦短，沒有必要強逼自己看完那一本你不覺得有趣的書，只因為你騙自己要是看到第 183 頁，就會看到舉世無雙的見解。

我認識的每個人都有某一本書沒看完。明明很難再看下去了，他們很多人仍像被迫讀完所有指定教材的高中生一樣，堅持想把書看完。比起果斷放棄，有的人乾脆就此不再看書，因為他們覺得再去讀別的書有罪惡感。（如果這本書到現在都沒能激起你的興趣，我允許你別再讀了。）

所以，不妨就讓冰淇淋的一角融化——允許某些壞事發生。

所謂「壞事」有等級之分，不是所有壞事都生來平等。有一些大錯可能會釀成災禍，自然有必要預防。但話說回來，也有很多小錯並不會鑄成長遠的後果。

我們往往不太區分這兩者，所有壞事在我們看來都一樣壞。為免落入這個窠臼，問問你自己：這是小過還是大錯？我如果忽略它會怎麼樣？會有什麼後果嗎？後果會以什麼方式發生？

我並不是要你從此馬虎行事。正好相反。目標是要謹慎而有意識地選擇你願意放掉哪些球，以便你繼續拋耍最重要的那幾個球。記住這句話：每時每刻，在某個地方，總有某件事錯了。

所以有幾封信還沒回也別在意；有人抱怨就讓他去說；有機會溜走就讓它去吧。只有允許一些小錯發生，你才可能成就大事。

你的最大阻撓

「我今天來這裡是要通過沼澤，不是要擊倒所有鱷魚。」[64]

這句話出自一位美國太空總署不具名的職員，是我在《A級人生：打破成規激發潛能的12堂課》（*The Art of Possibility*）這本優秀的書中看到的。這句話之所以引起我的共鳴，是因為我們的行為往往相反。我們拚命擊退鱷魚，忘了想辦法通過沼澤。

沼澤是充滿未知的可怕地帶，我們可能永遠到不了對岸。就算通過了，我們也害怕自己不知道會變成什麼模樣。

於是我們與鱷魚戰鬥，以掩飾通過沼澤的不安。我們把時間拿去做我們最熟悉的事——回電子郵件、開沒完沒了的會，而不是實現這個專案或推出那樣產品。鱷魚至少是看得見的，鱷魚就在我們眼前——但彼岸不管在時間在空間看似都很遙遠。每一天，某一封寄過來的電子郵件，優先順序都被排在真正要緊的事情之前。

會想擊退鱷魚也不是完全沒道理。畢竟鱷魚的確在那裡，**有可能**會對我們構成威脅。當鱷魚發出一百分貝的尖叫爭取關注，我們不免會覺得有必要與牠對戰。於是一整天下來——乃至這一生當中——我們都在被動防禦，而不是主動行動。

這些擾動讓人**感覺**完成了很多事，其實並沒有。我們解決了礙事的東西，但究竟礙的是什麼事呢？我們斬殺了鱷魚，可是沒往對岸靠近半步。我們打贏每一場戰役，但正輸掉整場戰爭。

提摩西．費里斯（Tim Ferriss）寫的好：「把不重要的事做得很好，並不會把這件事變重要。」[65] 你能是個成功的創業投資家，決定於你談成的交易好壞；不在於你的推特有多少人追蹤。你能是個出色的作家，決定於著書的水準；不在於有沒有回覆完所有社群留言。你能是個優秀的軟體工程師，決定於寫的軟體好不好；不在於你花了多少時間開會。你的產品能熱銷是因為有其特色；不在於行銷產品的電視廣告用什麼角度拍攝。我們忙著應付這些枝微末節，說服自己這些是必要的事，迴避了真正能使我們更上一層樓的更複雜的計畫。

卓越的人懂得無視鱷魚，專心通過沼澤。他們不會每天克盡職守似的逐一勾掉待辦事項。他們想完成的事很遠大，沒辦法縮減成方格清單。

很違背直覺沒錯，但待辦清單有時候反而是造成拖延的強大驅力。把所有計畫要做的事列在一起，給予等量的重視，你等於給了自己另一個理由先打掃書桌或打電話給保險公司，而不是先把你的新書提案寫出來。

沒必要把待辦清單扔掉，也不必換用時間管理矩陣、特別的手機應用程式或漂亮的筆記本。

其實很簡單。想清楚什麼事是重要的，然後無論如何優先去做。把這件事列上清單：好好判斷你列的事是不是必要的。辨認什麼是你生活中的鱷魚——那些表淺的小事無助於你通過沼澤。問問自己：我做的哪些事只是為了讓我**感覺**有做些什麼？這對我通過沼澤有幫助嗎？或者那只是一隻分散我注意力的鱷魚，使我忘記重要的事？然後動手把清單上的鱷魚擦掉。別再試圖去做到更多的事，開始去做真正重要的事。

與其問：現在什麼事最急迫？你應該問：我原本能做什麼是現在最重要的？為什麼我沒去做？就定義來說，急迫只是一時的，但重要與否不會隨時間改變。

其實，我們有得選擇。

我們可以繼續和鱷魚纏鬥，期待忽然出現一塊魔法跳板把我們彈向對岸。（暴個雷：沒有魔法跳板這種東西。）

或者我們也可以無視鱷魚，專心去做未必急迫但重要的事，一步一步橫渡沼澤。

堅持永不言退

你何以如此懼怕寂靜？

從寂靜裡萬物萌生。

繞圓深入沉默的空洞，

千百道聲音將轟然鳴響你盼望聽見的訊息。

——魯米

按亞里斯多德的說法，大自然厭惡空洞。他舉例空洞一旦形成，很快會被周圍密集的物質填滿。

我曾經也厭惡空洞。只要在生活中發現空洞，我就會用周圍密集的物質去填充——不對，應該算是塞滿——希望藉此感覺「有做事」。

生產效率與我當時的自我認同牢牢綁在一起。我很怕做得不夠，其實是怕自己不夠好。我必須忙得團團轉、減糖節食，不斷精簡每天早晨的例行公事，才覺得自己有價值。我的成就感取決於我多快能把待辦事項勾完、或者能把收件匣清空幾次。我不停在找新的訣竅、新的架構，或新的手機應用程式，希望能在一天裡擠進更多有產值的事，對他人有貢獻。

我總是覺得**必須**接著做下一件事。從前當教授的時候，我會同時寫好幾篇論文。某一篇寫著寫著需要休息了，我就換寫另一篇。我的上一本書《像火箭科學家一樣思考》出版後才一星期，我又開始寫你手上這本書的綱領。這種運作模式帶給我高產量，而高產量給了我人生意義。

我知道並不只有我這樣。我們跪地膜拜生產力。我們把不屈服於疲倦、生病或睡眠的人奉為偶像。每分鐘寫更多字、每加侖汽油跑更遠的里程、每小時產出更多產品——用更少時間做到更多事情，誰能說這樣不對呢。

汲汲營營的文化普遍盛行，現成的碎菜沙拉最能表現這點。碎菜沙拉經過精心設計，為的是讓腦力勞工可以從冗長乏味的進食動作裡騰出眼睛和一隻手繼續工作。或像賈雅．托倫提諾（Jia Tolentino）寫的，它讓消費者「一天回覆郵件十六個小時，中間短暫休息片刻，吞下一大碗營養來抵禦都市不健康的職業生活……因為他需要更多時間才能好好完成工作份內的事，雖然這份工作最開始是為了讓他吃得起一碗十二美元的生菜沙拉。」[66]

對我來說，碎菜沙拉的生活型態代價高昂。正因為在當下那種狀態裡產量很高，我看不見那以外的世界，許多機會就靜靜擺在眼前，我也沒發覺。我被自己創造出來的擾攘混亂給包圍，沒有餘裕仔細思考，既然不能仔細思考，也就做不出好的決定。後來我耗費了大把時間在修正因此導致的失策。

忙碌的重要性是人賦予的。忙碌其實是一種懶惰。看似動得很快，但沒有方向。忙碌是自我麻痺的催化劑，人們用它來逃避觀照內心，不小心看見內心就會嚇得驚慌失措。

如果你經常處於戰或逃的狀態，感覺隨時在提防樹叢裡跳出一頭劍齒虎，你會抗拒去聆聽心中的答案。因為如果你看向內心，就沒空注意外在的威脅。如果你滿腦子只有要活下去，不斷反應感知到的危機，你會被困在馬斯洛需求層次的最底層，不會有心力自主思考，發掘出你最好的見解。

慢下來其實不會跟不上。你會用比較少的力氣，但走得更快，也走得更深遠。踩足油門全力衝刺的心態，是創意發想的死對頭。創意是生產不來的——創意必須透過發現。而且發生在悠閒放鬆的時候，不是埋頭苦幹的時候。想要加速前進，腳離開油門有時才是上上之策。

這種觀點充分表現在一句，來自美軍海豹部隊的口號：「慢即穩，穩即快。」這些人操作的可是狙擊步槍和手榴彈，相比之下，你的 PowerPoint 簡報根本黯然失色。如果海豹部隊都能慢，你怎麼不行。

想法往往不會轟然降臨，也不會是盛大慶典。真正重要的事從來不會高聲宣稱自己重要，真正重要的事乍看甚至顯得微不足道。如果你的生活中沒有一些空洞——如果你的生活被喋喋不休的雜音填滿，就算靈感到來，發出幽微的低語，你也不會有辦法聽見。

我們常聽到一個漫天大謊，說生產效率的關鍵就是去做。但你最好的成果往往來自於不做——來自放慢下來，給自己時間和空間。

大自然是很好的導師，她遵守一條古老的準則：以不變應萬變，靜待事物發生。樹木不會為了更有生產力，而終年努力結果，那就太荒唐了。樹在秋冬進入休眠，落盡樹葉保存資源。你就算揠扯樹苗，或一個勁澆水到土壤也吸收不了，也不可能讓樹長得更快。

人也有季節之分。有些季節適合行動，有些則最好鬆弛一些、後退幾步，留點空間讓泥土吸收水分。藝術家柯莉塔・肯特（Corita Kent）在屬於她的休眠期裡，習慣呆坐在窗邊，看著長在窗外的一棵楓樹。她是這麼描述的：「我感覺美好的新事物正靜靜在我心底發生。而我知道這些事物終究會找到方法，像那棵楓樹一樣，以某種形式盛放。」[67]

閒散和懶惰不一樣。空洞不是需要自動填滿的東西。常言道，造就音樂的是音符之間的靜默。唯有放開手，你才能獲取，唯有放空，才能裝填。

這種空，無法留待你每隔兩年去陽光明媚的地方度假一次。還不如在你的一天當中，關閉一切雜音，哪怕片刻也好。早上醒來允許自己在床上發懶。將自己切入飛航模式。坐下來呆望天花板。在公園無目的地閒晃，不聽 Podcast 或有聲書。

接受內在的安靜，以對抗當代生活的喧囂。沉入沒有節奏的節奏。

因為萬物誕生自虛空。

美好的新事物正在你心中安靜地發生。

給它們必要的時間，靜待它們開出繁盛的花。

第二部分成兩章

第四章　擁抱真實而美麗的你：變得更像自己，從而成為一個美麗的人——找到你的基本原則和你的超能力。

第五章　發現你的使命：發現並活出你的目標。

第二部

找出你的第一原理

我會告訴你：

» 為什麼說你作繭自縛，以及如何破繭而出。
» 家電銷售員成為歷來最賣座音樂人的驚奇故事。
» 為什麼多數人都選錯行業，以及該怎麼辦。
» 改變我人生的一封電子郵件。
» 追求幸福的偏誤。
» 為什麼「順應興趣」這個建議並不好，那又該怎麼辦。
» 想取回人生主導權，你可以問的一個簡單問題。
» 放膽去做、不再多想的訣竅。

04

擁抱真實而美麗的你

他們笑我和大家不一樣。

我笑他們和大家都一樣。

——據信出自Nirvana樂團主唱，寇特・科本（Kurt Cobain）

擁抱你的顏色

融入群體。在我大半的前半生裡，這是我最盼望的事。我是家裡的獨子，家在伊斯坦堡，向四面八方開展且有數百萬人口的一座大城市。我們家住在一間小公寓，從小到大，我泰半都窩在我的房間裡。

我古怪的興趣讓我覺得與人格格不入。從很小的時候開始，我最喜歡待的地方就是自己的腦袋裡。我愛上電腦和書。我自學寫程式，並沉浸在艾西莫夫和其他科幻作家創造的奇幻世界。透過原創節目《宇宙大探索》（*Cosmos*）的錄影帶，卡爾・薩根對我說話。我一句英語也不會，壓根兒不懂他在說什麼，但我照樣愛聽。

我和其他孩子的不同，大抵上並沒有為我帶來傷害，直到我升上小學四年級。當時小學生上學要穿制服——亮藍色的制服襯衫，硬挺的白領子，男生一律都理成平頭。

所有男生，除了我。

我對頭髮的放任態度，很快引來校長的不滿，他是個蠻不講理的人，比起校長更適合去當監獄典獄長。一次學校朝會上，他瞥見我頭上長過標準的頭髮，開始像上緊發條的犀牛一樣發出低吼，搶下一個女生的髮夾往我頭上夾，當眾羞辱我，以處罰我不守規矩。羞辱對土耳其人來說，比死還可恥。我從此再也沒有偷懶不剃頭。

當離經叛道開始對我不利——當我不只被他人排擠，言語上也開始被人奚落，我開始把自己變成一隻章魚，配合周圍環境改變我的本色。我甚至改掉我喜歡的顏色。每當有人問起我喜歡的顏色，我不會坦言是紫色，我會回答藍色。因為正常的男孩子應該喜歡藍色，而我真的，**真的**想當個正常人。

我學會當個乖小孩。就像俄羅斯方塊，周圍期待我是什麼形狀，我就變成什麼形狀。「你應該這樣想。」、「這個人你應該要敬畏。」、「這種類型的遊戲你才可以玩。」、「你應該嚮往以後有這樣的人生。」、「你有三個選擇：醫生、律師，或工程師。」我的天哪！

上了初中，我格格不入的感覺更加強烈，不單只是我的頭髮與別人不同。先前我就讀公立小學，同學多也來自儉樸的小康家庭，但現在不一樣了，我就讀的是以伊斯坦堡富裕菁英家庭的子弟為大宗的私立中學。我爸媽勉強才付得出學費，但他們想辦法做到了，因為這間學校是學會英語的最佳選擇，日後我才有機會出國讀大學。

整個中學時代不知有多少時候，我總覺得別人身上預先都安裝有融入群體的晶片，只有我少了。我可以與別人一聊科幻作品或 HTML 程式語法幾小時，但我沒打過網球，也沒聽過時尚名牌。時尚品味，乃至基本的色彩搭配，並不是我自然就會的事。我的音樂品味更是公認的俗，比起當時流行百倍的 Nirvana 樂團，我比較喜歡王牌合唱團（Ace of Base）琅琅上口的曲調。

小學四年級校長給我的震撼教育，使我銘記在心。我開始用對待髮型的態度對待人際互動，著魔似地觀察怎樣才叫「正常」。我會預先考慮他人的想法和期望，配合他人改變我的本色。

這麼做效果非常好。我的社交圈慢慢擴大，久而久之我成為適應高手。不管是髮型、服裝，或是你本身，適應的原理是一樣的。這裡剪去一個想法，那裡改掉一個喜好，這裡再調整一個行為——直到你能嵌入模子裡。

但自我和衣服畢竟不同，調整過的自我和幾乎不再是原本的模樣。儘管我在特定情境下，對特定的人仍會隱隱閃現本來的光，但更多時候我只是在扮演他人預期的角色——直到就連我都認不出自己來了。

搬到美國讀大學時，我又得從頭來過。將在歐洲穿的緊身牛仔褲換成卡其短褲，加入兄弟會，將派對遊戲玩成高手。原先的口音本來是我的一個特色，但到了大二學期末，有一天我的室友喬伊晚上喝了幾口啤酒後，脫口對我說：「兄弟，你的口音怎麼搞得沒了！」我連口音也消失了。我體格瘦小，名字怪怪的，又來自半個地球外的陌生國家，但如果我說話**像**他們，我以為我就能**是**他們。

生長在穆斯林人口佔多數的國家，我算是很不「穆斯林」的人。如果有穆斯林專屬的地獄，我肯定會下去。但在九一一事件發生當天，這些都不重要了。雙子星大樓倒下的同時，我在土耳其長大這件事蓋過一切。就連我交心的朋友也被恐伊斯蘭心理吞噬，我發現自己一夕成為各種偏見留言攻擊的目標。就在我以為自己終於能融入時，我又再度被揪了出來。

我嘗試適應的方法就算管用，也只帶來表淺的歸屬感。融入的並不是我，而是裁剪過的我。

剛開始悄無聲息。你開始會說一些違背實際想法的話。即使不認同也跟著點頭。你忘記自己的界線，主動任人侵入你的心靈。時間久了，明明你有一座自己的庇護聖殿，你卻流放在外。

設法適應也讓人更難找到歸屬。布芮尼・布朗（Brené Brown）描述得很到位：「歸屬是以你的樣子被接受。適應是因為你像其他人所以能被接受。如果我能做我自己，我歸屬於這裡。如果我必須像你，我是在適應。」[68]

到現在我尚在努力。我依然得抵抗想鑽回從眾的外衣，抵抗為了想融入，明知沒用卻還是改變自己本色的那個習慣。書寫於許多方面都是我在救助自己——我寫作一方面是為了開導自己，與真正的我建立連結，同時也是想向世間展現我的真實顏色。

我也透過每天小小的舉動包容我的古怪。三不五時，我會隨王牌合唱團的旋律搖頭晃腦。我的串流音樂播放清單是音樂的末日戰場。好音樂都會在這裡死去。但我愛我的清單，那些歌提醒我要走進自己，不要與自己成為陌生人。

凱西現在是我老婆，我和她剛認識不久時，她有一次問我：「你最喜歡什麼顏色？」

我不假思索就想回答「藍色」，但我嚥下這兩個字，回到我自身。

我說：「紫色，我喜歡紫色。」

她看著我，綻開她深具感染力的燦爛笑容。

她說：「我從小就想，我要跟喜歡紫色的男生結婚。」

那一刻我知道，我終於有了歸屬。

使人留下印象

一九五四年，強尼・凱許（Johnny Cash）走進太陽唱片（Sun Records）的試音間。他當時還是個無名小卒，白天挨家挨戶賣家電產品，晚上彈唱福音歌。他口袋空空，婚姻也岌岌可危。凱許決定在試音唱福音歌，那是他最熟悉的，況且在一九五四年，福音歌風靡一時，人人傳唱。

結果這一次試音，就像電影《為你鍾情》（*Walk the Line*）演的，大出凱許所料。[69] 凱許開口唱起一首枯燥的福音歌，唱片公司老闆山姆・菲利普（Sam Phillips）佯裝有趣聽了才三十秒就忍不住打斷他。

「這首歌我們聽過了。」菲利普嗤笑說。「聽了一百遍有吧。都是那樣，就是你唱的那個樣子。都是吉米・戴維斯（Jimmy Davis）寫的，我們在收音機裡整天聽到，唱些內心的平靜是如何真實，人要大聲呼告什麼的。」他要凱許唱些「不一樣的、真實的、你的感受」，因為真正能帶給人救贖的是這樣的歌。[70]

菲利普說：「這跟信不信神沒有關係，凱許先生。這關係的是你信不信自己。」

這一番慷慨陳詞撼動了凱許，讓他走出「我就唱些大家愛聽的福音歌」的從眾心態，引出被沉重貸款、觸礁婚姻，及在空軍服役多年所埋藏的那部份的他。

他振作精神，重新撥響吉他弦，唱起〈佛森監獄藍調〉（*Folsom Prison Blue*）。

那一刻，他不再設法當個福音歌手。他成為了強尼·凱許。走出試音間，他的手上多了一份唱片合約。這無非是因為他抗拒了從眾的自然衝動，接受自己與人不同的一切——他陰鬱的神態、他獨特的嗓音，以及他那一身日後博得「黑衣人」封號的深黑服裝。

我們認為跟隨群眾才安全。我們躲在眾人預期和可接受的樣貌後面。我們寧可要錯與大家一起錯——寧可唱著人人在唱的同一首福音歌而唱不好——也不想獨自承受失敗風險。所以我們追隨潮流，採納最新的流行，或者像強尼·凱許會說的，我們循規蹈矩。

現在想一想，你在 Covid-19 疫情之初，收到幾十封各大企業的郵件，用字遣詞也許不同，但不可避免都有同樣無聊的主旨（敝公司總裁在疫情下對您的關心），信中重複同一套陳腔濫調（致我們珍惜的顧客）和同一句聽到爛的話（面對前所未有的無常）。

業界和人生一樣，絕大多數人按照同一個平庸無奇的樣板工作。我們生來習於模仿他人，面對前所未有的無常更是如此（懂我是故意的嗎？）。我們複製貼上同儕和競爭對手的內容，認為他們肯定知道些我們不知道的事。我們認為只有最大的客群值得爭取，所以我們磨圓稜角，擦除指紋，唱起福音歌。

「沒有人那樣做」這種反應，讓對話還沒開始就結束了。既然沒有人那樣做，那肯定行不通。既然沒有人那樣做，我們不知道會有什麼結果。既然沒有人那樣做，那我們也不該那樣做。

有樣學樣的做法，促成比誰能先跑到中心的競速賽。問題是中心已經人滿為患，早有其他福音歌手來搶分愈來愈小的大餅。人們往往希望「瞄準最大、最顯眼的目標，然後一發命中靶心」。音樂家布萊恩・伊諾（Brian Eno）說：「但可想而知，其他人也都瞄準那裡，以至於很難射中靶心。」所以還能怎麼做呢？伊諾解釋：「不如先把箭射出去，再繞箭畫出靶心。在你最終停下的地方創造利基。」[71]

「工人皇帝」布魯斯・史普林斯汀（Bruce Springsteen）就開創了自己的利基。他知道自己聲音不好聽。雖然會彈吉他，但「世上已經有無數優秀的吉他手，很多不比我遜色，甚至彈得比我更好。」他寫道。[72]

史普林斯汀沒有和其他人一樣——瞄準同一個靶，而是射出他的箭以後再畫靶心。他加倍努力於自己與其他音樂人不同的特長：他寫歌的能力。史普林斯汀往後大放異彩，因為他的歌寫出藍領階級的心聲：「十九歲的生日禮物，我收到一張工會證和一套新郎西裝」；道出美國夢與社會現實的落差：「整個夏天你無謂的禱告，盼望救世主從街巷現身」；讓聽眾得以透過他的音樂照見部份的自己：「我想知道愛是不是真的」。同一個人，從剛開始不被聽眾、經紀人、團員看好，幾乎不被誰放在眼裡，到最後成為搖滾樂界的風雲人物。

歐普拉・溫芙蕾（Oprah Winfrey）也有相似的故事。[73] 晚報記者是她入行的第一份工作，但她不久後就被解雇。為什麼？因為她做不到不帶情感撰寫報導。不過歐普拉並未因此設法抹除情感，而是接納自己有這些情感。這個特質最終使她成為全世界最具同理心的採訪人，也使她的名字從此家喻戶曉。

希望出類拔萃，需要你讓自己成為自己。能做到這一點，你就像一塊磁鐵，對人有多大的排斥力，也就有多大的吸引力。你不可能讓所有人都喜歡你，不被任何人討厭。這是不可能實現的事，你如果以此為目標，只會減低你這塊磁鐵的磁力——你的磁力就是你的長處。要吸引喜歡紫色的人，唯一辦法就是展現你的紫色。

但如果那並不是你的本真，擁抱紫色也沒有用。如果那只是噱頭，如果你只是想博取關注，或只是因為大家向左，你就偏要向右，像這樣為了唱反調而唱反調——只為了對抗建制而沒來由的叛逆，並不算是跳脫框架。反之，為了想要活出與自我認同一致的生活，在這股冀盼下有意識地扭轉規則，這才是擺脫框架。

這麼說吧，我們能看見某些事是因為有對比。有些人事物之所以突出，正是因為和周圍不同。如果你與背景融合——如果你沒表露出分毫的個人特質，沒有指紋、沒有對比、沒有異常——你會隱形消失，你會變成背景。

你的個人特質使你成為美麗的你，只有充分接納你的個人特質，而非設法消除，你才可能留下印象。

其中有個不同之處

我很喜歡走進書店發掘新書。不是人人書架上都有的暢銷書，而是被隱沒的寶石。尚未受到關注的書。遺落在主流大眾目光之外的書。沒有高額行銷預算的小出版社所出版的書。

過去幾年來，我注意到我常去的幾間書店出現一股趨勢，讓人很是心寒。不論你從事哪一個行業，這股趨勢能告訴我幾個寶貴的教誨。

現在你走進一間書店，迎面而來是偌大的暢銷書區，陳列所有常見的書。你經過所有暢銷新書，其他書架上主推的全是舊的暢銷書。你請書店員推薦，他介紹你的三本書都來自（嗯哼，你猜到了）暢銷書區。

陳列架上的所有書籍，全都按照作者姓氏順序排列——這種分類系統，是為了方便知道自己想買什麼書而光顧書店的顧客，但這樣的客群正急遽縮減。

這種型態的書店沒有個性，沒有奇特之處，沒有魅力。沒有任何值得一提的特點。沒有比網路購物更好的體驗。所以潛在顧客又何必要千里迢迢去光顧你這間書店呢？

論價格與便利，實體書店敵不過網路書店，但它們能做到一件網路書店做不到的事：給顧客留下個人化的體驗。

這正是最好的書店在做的事。他們超越廣告、超越演算法和暢銷書單，有真實的人做真實的策展，用一種有趣的方式排列架上的書，協助顧客發現自己可能會喜歡上的書。相較於只是按首字母順序排書，這樣的書店會自創分類，像是「時空旅行」、「欲罷不能的週末讀物」、「你聽都沒聽過的必讀書單」或「大人也愛的青少年讀物」。

其他產業的例子，想一想維珍美國航空（Virgin America）。二〇〇七年，維珍美國航空顛覆傳統安全指南，推出一支搞笑飛航安全影片。[74] 我最喜歡的臺詞：「給百分之零點零零零一從沒繫過安全帶的人，這東西是這樣用的。」這句話創造了一個共鳴點——大家心裡都想過但沒說出來的想法（繫安全帶這種事還有必要教？）。維珍美國航空也擁抱它的紫色，在機艙內用舒緩的紫色燈光，取代多數飛機上炫目到頭痛的白光照明。航空市場競爭激烈，但各家航空公司提供的產品大同小異，這些特色使維珍美國航空脫穎而出。等到其他航空公司也競相仿效，維珍美國航空早已在飛航旅遊界建立起歡樂首選的形象。

說到歡樂形象，班傑利冰淇淋（Ben & Jerry's）各種大玩雙關諧音的口味，例如「Cherry Garcia」櫻桃軟糖和「Karamel Sutra」玩轉焦糖，在其傳統上向來領銜市場。但在二〇〇〇年被跨國大企業聯合利華（Unilever）併購後，班傑利冰淇淋少掉許多原有的風味。新任高層裁減職務，關閉多間工廠，公司精神一去不復返。[75]

事情出現轉機是在二〇一〇年，喬斯坦・索海姆（Jostein Solheim）受任為執行長。他對班傑利公司文化的支持很快受到檢驗。公司研議推出一個冰淇淋新口味，取名「施老闆的蛋蛋」（Schweddy Balls）（蘭姆香草麥芽球口味），靈感來自喜劇綜藝節目《週六夜現場》（*Saturday Night Live*）一段有名的笑哏。[76]

他會放行新口味嗎？這是冒險的一注。勢必會有家長團體火冒三丈，也會有商家抵制進貨。但同時賭上的還有一件更重要的事：班傑利冰淇淋的獨特玩心。公司經過十年動盪，索海姆有必要讓底下的人知道，現在的頭頭樂意接納公司的本色，最終他核准了新口味上市。

果不其然，不少零售商激烈排斥。沃瑪特超市的執行長就在與班傑利公司高層的一場會議中扯著嗓子斥道：「我是不會賣施老闆的蛋蛋的！」不論新口味給公司添再多麻煩，單憑這樣的趣聞就值了。從此以後，班傑利冰淇淋找回了魅力。[77]

沒錯，新的冰淇淋口味走得很邊緣。但在拼圖裡，正是邊緣把一塊拼圖片與其他片區分開來。你的邊緣，會成為別人討論你、優先選擇你的原因。假如你磨平邊緣的稜稜角角，擦除你的獨到特色，你就成了平凡的香草冰淇淋。而香草冰淇淋沒有記憶點。書店依樣畫葫蘆陳列書籍也一樣，航空公司重複同樣無聊的安全示範影片也一樣，用同樣風格演唱同一首歌的福音歌手也一樣。

退一步問問自己：我的特色是什麼？我們提供的東西能怎樣帶給顧客（也帶給我們自己！）歡樂？我們可以怎樣有別於其他服務內容一模一樣的企業，把我們的獨特個性分享出去？[78]

照作者姓氏順序陳列架上的書，二十年前這麼做或許有很好的理由。

但如果你不重新思考事物今日的運作方式，會有別人先去想的。

最危險的一種模仿

說到模仿，人們通常指的是模仿別人。但有一種更危險的模仿：自我模仿。初嘗成功滋味以後，人往往強烈傾向於再來一遍——複製貼上自己先前做的事。

我在寫你手上這本書的時候，也經歷過這種誘惑。寫上一本書《像火箭科學家一樣思考》時，我沒寫過任何值得模仿的東西，對於這本書會有什麼迴響也沒概念。我只是自由探索、玩耍，照我希望的方式捏我的黏土。

但到了這本書，我的資歷不再空白，我現在多了不能辜負的標準——這本書有了比較對象。所以動筆的時候，我起先複製了《像火箭科學家一樣思考》成功的公式——相同的結構、相同的格式、相同的一切。

但結果行不通，文思不再泉湧。我愈是堅持先前的公式，下筆變得愈難。我索性放下，不再逼迫自己堅守已經有用的作法，改而接納所有的不確定性，好奇於書寫過程會自然浮現的東西——每一刻會冒出哪些想法和主題。

複製會削弱事物當初出眾的特點——續集或重製很少能再現原版的魔力，就是出於這個原因。我一放棄固有公式，文字開始源源湧現。我鍵盤上的手指不僅感覺自由多了，最後甚至飛舞起來，在一個月內寫出破紀錄的字數。

瓊妮·米契爾（Joni Mitchell）曾說：「你有兩個選擇，你可以維持原樣，保護當初帶給你成功的公式，眾人會批評你了無新意。你要是選擇改變，他們又會抨擊你變了。」[79] 我寧可為改變接受抨擊。我不想坐在陶土轉盤前，只想再度捏出以前那個最好的作品。

只有在你停止複製他人——尤其是停止複製過去的自

己——開始創造只有此刻的你能創造的藝術時，出眾才可能發生。

掌握操作背後的原則

依稀記得，第一次看到網站彈出式視窗時，我興奮死了！哇塞，這麼小的視窗！忽然就冒出來！好像有人知道我來了一樣。我飛快在視窗輸入我的電子郵件信箱，領取我其實也沒特別想要的九折折扣券。

之後沒過幾星期——沒錯，不管哪個網站都開始有彈出式視窗跳出來。原本興高采烈的心情很快變成厭煩。某一種操作一旦流行起來，人就會開始無視它。彈出式視窗變得像飛機上的安全帶宣導，重複太多次，融入背景裡了。

拿烹飪來說吧，如果你沿用別人的食譜，對使用廚房也不陌生，做出秀色可餐、能發 Instagram 限時動態的一餐，基本上不成問題。可是人生不一樣。人生美就美在，完全相同的食材和完全相同的食譜來到不同人手裡，可以產生渾然不同的結果。

可是沿襲別人的食譜，感覺還是比較安心。假使失敗了，假使你做了相同操作卻沒產生相同結果，還可以怪在食譜頭上。

問題是盲目遵循別人的食譜，你會產生依賴。你不會理解配方背後的邏輯，也很難精通烹飪的基礎。你只是照著動作做過一遍——這裡加一茶匙鹽，那裡放半杯橄欖油——並不知道這些調味料發揮什麼效果。也因此倘若出錯，你沒有能力分析問題排除障礙，也不知道怎麼依照你的口味改動配方。

茱莉亞·柴爾德（Julia Child）並不是天生的廚神。她雖然摸索出自己的食譜，但始終沒能掌握廚藝之道——直到她在三十七歲之齡報名藍帶廚藝學院。烹飪史作家蘿拉·夏皮洛（Laura Shapiro）寫道：「在藍帶廚藝學院學烹飪，代表把每一道菜拆解成每一個最小的步驟，親手反覆練習這每一個吃力又折騰的過程。」[80]

精通廚藝基礎以後，柴爾德能上電視把廚藝教授給大眾。這也是她的部份魅力：她沒有隱身在食譜後面。她講出每一個步驟的運作原理，說明她為什麼做這些事，帶領觀眾一同探索烹飪的神祕過程，最後才提供觀眾讓她能做出這個成果的相同配方。具備了這些基礎，一個做菜新手也能主導廚房。

「主導」是這裡的關鍵詞，我們很多人都放棄了主導權，好比把掌控交給別人的食譜，或我們以前用過的食譜。根據定義，標準作業程序是回顧過去，它是為了解決過去的問題而制定的。如果你只是一直照著做，就像只會在剛遭雷擊的地方設置避雷針一樣，你最終會失去你原本的特質，變得不再卓越。要重拾主導權，你需要有意識地選擇你的行動，而不是盲目地照搬他人的做法，或不假思索地重複過去的行動。

而自覺則需要你知道自己**為什麼**要這樣做。每週進度會報有明確的目的嗎？或者開會的理由只是因為向來都這麼做，繼續照做比較容易——而且可以免去與真正希望開會的那個人做深入但麻煩的討論？

會議中的腦力激盪時間，只是讓大家頭頭是道說些空話，還是真的有產出寶貴想法和具體決策？

不要只是照搬工具、技術和配方，要掌握背後的原理。只要你明白原理，只要你了解**為什麼**需要那樣操作，你就能創造出自己獨特的做法。

你的第一原理

只要讀過商管書，你八成聽過柯達公司沒落的故事。一九七五年，柯達的一名年輕工程師開發出第一臺數位相機。但主管部門沒有把技術商品化，反而決定壓下這件事，認為會與柯達的傳統底片攝影事業形成競爭。

最後柯達才在崩解之際驚覺打敗它的，正是自己內部最先開發出來卻遭到擱置的技術。柯達雖然後來也加入數位市場，但投入的心力太少也太遲了。就如同鐵達尼號都要沉了，還在把甲板上的躺椅排整齊一樣，無濟於事。[81] 柯達在二〇一二年宣告破產。[82]

但太平洋對岸還有另一段更重要的故事，很少有人重複提起。那就是富士軟片公司（Fujifilm）的故事。

富士軟片是柯達在底片產業的最大競爭對手，隨著數位相機興起，他們也面臨相同難題，公司主營的攝影底片市場急遽縮減。但不同於柯達，富士軟片的管理部門願意放下歷史包袱，克服「我們就是這樣的公司，我們就是做這個的」的頑固心態。[83]

為了構想新的未來，富士軟片的領導層自問：「我們的第一原理是什麼——我們公司有哪些核心能力可以有新的用途？有哪些我們特別擅長的事可以惠及其他產業？」

答案是？化妝品。是的，你沒看錯。二〇〇七年，富士軟片推出化妝品牌艾詩緹（Astalift），開發販售能實現「上鏡美顏」——形容得十分貼切——的高端護膚產品。

照相和護膚聽起來八竿子打不著，但都是使用表相騙人。原來，保護攝影底片不受 UV 輻射線傷害的抗氧化劑，用在人體皮膚上也具有相同功效。原來，膠捲底片材料有一半是膠原蛋白，而膠原蛋白正是皮膚含有最豐富的蛋白質，也是美容產品常見的成分。

於是，富士軟片把公司過往在膠原蛋白和抗氧化劑累積的經驗用於開發護膚配方。公司內研究底片攝影數十年的相關部門，改組進行美容產品開發。

二〇一二年，底片界的對手柯達公司宣告破產，富士卻在改為多角化經營後，年收入超越兩百億美元。該公司此後持續重新分配資源，探索包括保健、醫藥、生命科學等新領域。這些分支事業很多以失敗告終，但少數重大成功者已充分彌補了其他未有斬獲的想法。

富士軟件並未完全放棄生產底片。為保存公司的歷史與文化——保存屬於他們的雙關諧音冰淇淋口味——他們依舊繼續製造底片產品，雖然僅佔盈利的一小部份。不過這部份的營收近來也在成長，對類比影像和實質媒體的懷舊情懷，使傳統底片產品又再度受到歡迎。

這就是第一原理思維的力量——提煉出系統的核心要素，再換個方式重新建立一個系統。

其他例子還有很多。YouTube 初始只是個影像交友網站。二〇〇五年二月十四日——當時還不存在約會交友軟體——YouTube 的三名創辦人推出這個網站，供單身族拍影片向潛在的合適對象自我介紹。[84]「只是三個單身漢在情人節當天沒事幹。」創辦人之一的陳士駿（Steve Chen）說。這個當紅娘的構想並不成功，於是他們拿公司的基本技術另外創建了一個服務，讓使用者輕鬆就能上傳各種影片。

Slack 在成為年收一百六十億美元的巨型企業以前，原本是遊戲開發商 Tiny Speck。[85] 二〇一〇年代初，遊戲公司製作出「Glitch」這款多人線上角色扮演遊戲，遊戲內建有聊天工具供玩家線上即時交流。後來 Glitch 遊戲本身未能找到長期的受眾，開發者於是把遊戲內建的聊天工具單獨出來，做成獨立產品。

第一原理思維的力量遠不只限於用在商業界。你也可以運用這種思維找出你內在的核心要素，打造一個新的你。何妨花點時間，理清你自身的基本構成零件——組成你的才能、興趣、喜好的樂高積木。

以下問題值得好好想一想。是什麼使你**是你**？你這一生中有哪些貫串的主題？哪些事你覺得像玩一樣輕鬆，別人卻做得很吃力？有什麼事你甚至沒想過是一項才能，但別人覺得是？問你的好朋友或另一半，你有什麼超能力——你什麼事做得比一般人好，他們會怎麼說？

我們往往不信任自己的超能力，也就是對我們來說相對容易的事。我們推崇困難的事，看輕容易的事。我們在被灌輸下深信如果沒吃點苦頭——如果沒有持續刻苦、賣力、掙扎，我們一定沒做對。但在人生中，毋須承受龐大熱度和壓力，也依然可能造出鑽石的。

每一項你做得格外出眾的活動，想一想背後用到哪些技能。比如你很擅長策劃聚會，這不單只表示你是好的策劃人，還代表你長於溝通，有能力召集他人，創造難忘的經驗。這些技能也許很適合你去從事更多範圍更廣、只是你不曾想過的事。

以我來說，始終貫串我人生的一個主題是說故事。小時候，從我學會用爺爺的古董打字機開始，我就寫起了故事。小學時我大部份時間都花在寫作——寫劇本、寫故事，為我創辦的雜誌（讀者只有我爸媽）寫文章。成年後，當律師時，我利用說故事的能力替客戶講述有說服力的事發經過。後來當教授，我也靠說故事吸引及啟發學生。現在身為作家，更是藉由說故事來以印象深刻的方式傳達概念。配方有變，但核心材料始終一致。

你之為你的第一原理，往往是你最壓抑的特質——因為這些特質讓你不同於別人。

玩，是我的另一項特質。我小時候特別擅長搗蛋，但當這項特質開始有礙我合群以後，我用自律把它壓抑下來。我愛玩的一面還是偶爾會出現，而我文章寫得最好的時候，也通常是內在的小孩跑出來玩耍的時候。

你的內在小孩往往握有解開你的第一原理的鑰匙。所謂原創，就在於回歸本源，加泰隆尼亞名建築師高第（Antoni Gaudí）據信曾經這麼說。所以，重新串連你的本源吧。你小時候喜歡做什麼事——在社會塞給你各種事實和備忘錄之前，在教育偷走你的喜歡和快樂之前，在「應該」兩字主宰你如何使用時間之前。

小時候使你怪裡怪氣或與眾不同的事，成年後也許能使你非同凡響。發掘那些模糊的記憶，將它們化作你現在想做之事的靈感。

拆解出你的關鍵成分後，從頭打造一個全新的你。但別只是複製過去。邊做邊重新構思。用新的方式重組你的第一原則，找出未來可能的全新發展。像富士軟片和 Slack 一樣，將自己應用到新事業或新產業。像 YouTube 一樣，轉換跑道以觸及不同的觀眾群。

發掘出你的第一原理以後，你將開始能活用自己驚人的豐富與複雜。

多樣化經營自己

我廣大浩瀚。我包含眾有。

——華特・惠特曼，《自我之歌》

想像每一天早餐、午餐、晚餐都吃同樣的東西。

十九世紀初，愛爾蘭數百萬人民就過著這樣的生活。[86] 他們幾乎完全只以「碼頭工人」（Lumper variety）這個栽培品種的馬鈴薯為食，每名勞動者平均每天要吃掉十四磅重的馬鈴薯。

靠著這個單一作物農耕制度，養活了眾多人口——直到從美洲大陸開來的蒸汽輪船把不速之客也帶上愛爾蘭的海岸。這個不速之客是名叫馬鈴薯晚疫黴的病原真菌，學名*Phytophthora infestans*。源於希臘語，意思是植物殺手。這一種病原真菌迅速湮沒愛爾蘭全島的馬鈴薯農作，把馬鈴薯重要的塊莖變成不能吃的一坨坨爛泥。

隨之而來的大饑荒持續長達七年。至一八五二年，一百萬人口死亡，而自饑荒起算的十年後，共計超過兩百萬人永遠遷離，導致愛爾蘭人口驟減近四分之一。多重因素致使這場悲劇發生，包括大不列顛政府的不作為，以及英格蘭地主在饑荒期間狠心驅逐佃農。

但還有一個導致饑荒的極大因素，是愛爾蘭的馬鈴薯缺少基因多樣性。[87] 島內最貧窮的階級大多仰賴碼頭工人馬鈴薯維生，而結果證明，這個品種特別易受晚疫黴侵害。因此，晚疫病不僅大量摧毀作物，也連帶掃滅了靠這些作物存活的人。

農業也好，商業也好，人也一樣——任何系統但凡缺乏多樣性，就不容易承受傷害。年復一年過度投資於單一馬鈴薯品種，企業容易被時代淘汰。侷限自己的定位是膠捲底片商，你就容易像柯達一樣，對數位革新視而不見。你若定位自己是汽車儀表板 GPS 導航裝置製造商，你會犯下和 Garmin 一樣的錯，忽略智慧型手機革命。你若定位自己是實體影音光碟出租店，就會看不見數位串流革新，走上與百視達一樣的路。在上述這些例子裡，欠缺多樣性都在暗中妨礙創新，把公司推向覆滅一途。

再以開發出智慧型手機「黑莓機」的 RIM 為例，公司前董事長兼共同創辦人吉姆・巴席利（Jim Balsillie）有一次接受訪談時表示：「我就是只做一件事，其他都不做的典型代表。」採訪人問巴席利，他有沒有想過除了開發黑莓機，也多角化經營 RIM。巴席利回答：「沒有。」他乾笑了一下。「我們的投資組合多樣性很低。不是上月球，就是撞地球。」說到這裡他又笑了。「不過目前登月還滿順利的。」語畢揚了揚嘴角。[88]RIM 的上升是很順利——直到撞上一顆名為 iPhone 的小行星。從二〇〇九年到二〇一四年，不到五年間，RIM 在美國智慧型手機市場的市佔率從近五成重跌到不及百分之一。[89]

全錄公司（Xerox）的傳奇研究機構——帕羅奧多研究中心（PARC），我們都知道他們發明出第一臺個人電腦，其中包含滑鼠、乙太網路、雷射列印、圖形使用者介面等關鍵創新。但接下來，他們沒再拿這些做什麼。全錄畢竟是事務影印機製造商，不是電腦製造商。相反的，全錄讓一個名叫史帝夫・賈伯斯的男人來到帕羅奧多研究中心進行了一趟官方導覽，包括參觀公司所開發的個人電腦。賈伯斯寫下詳盡的筆記，挖角研究中心內部的優秀人才，繼而在所見所聞的啟發下，創建了麗莎——蘋果麥金塔電腦的前身。[90]

這些企業機構要是懂得不把全部的雞蛋都壓在自家最

成功的產品，原本是有可能在新契機出現時把握住機會的。

固執緊守一個身分，對個人也有影響。我們向來學到只表現自己的某一面——單一個面向、單一種個性、單一個職業。也因此才有這些老掉牙的問題：「你長大以後要做什麼？」或「你是做什麼謀生的？」這些問題底下的暗示很明顯：你的職業定義了你這個人，而你所做的這一件事是恆定不變的。他們希望你要不是醫生、律師，不然就是工程師⋯⋯。

如果你的身分認同與你的職業緊密相連，那如果你失業了會怎麼樣呢？或當你決定不想再做這一行了呢？你奉獻一生精進的特長，要是過時淘汰了怎麼辦呢？

唯一的出路，唯一真正擁有韌性的辦法，只有透過建立多樣性。把你自己當成你的理財投資，分散下注。在你明白自己的第一原理後，把你的能力混合重組，追求多重興趣，多角化經營**你自己**。如果你有豐富的特質和技能可以反覆調配結合、改換用途，你將會擁有與未來一同演化的非凡優勢。

多樣化不是像章魚那樣變換體色，改變真實個性以融入環境。而是踏入那個完整的你——全部的你。是認知到你是一個尚未完結、也不會有完結之日的人類。認為你只是單一個體——只有一個恆定不變的你——這有違於生命的本質，生命是在每一段經驗當中學習然後演化。

多樣化不只確保你擁有恢復的韌性，也能成為新力量的來源。方斯華・賈克伯（François Jacob）曾說：「所謂創造，就是重組。」[91] 成功的創作者往往會追隨好奇心，向外拓展興趣：饒舌歌手寫小說、演員畫畫、創業家拍電影，得諾貝爾獎的科學家，投入藝術嗜好的比例大約是一般科學家的三倍。[92] 他們直覺意識到每一種表達媒介都與另一種相通，投資在第二業務的時間能為主要工作增添豐富度和深度，而且多管齊下能提供一種豁然解放的安全感。我們誰都需要有自己個人的研發部門，實驗各種新的面向。

多樣化經營自己，你也比較容易承受潛在的重大風險。你在人生其中一個方面冒險放手縱身一躍，就算完全失手了，你還是能落回堅實的地面。

艾美莉亞・布恩（Amelia Boone）是蘋果公司的委任律師，同時也是障礙賽運動員。剛開始受訓的時候，她一下單槓都拉不上去。但自此之後，她三度贏得世界強悍泥人賽（World's Toughest Mudder）冠軍。每一場賽事長達二十四小時不間斷，馬拉松與此相比都像在悠閒散步。

後來布恩一度跌斷大腿骨，無法再參賽。但傷勢並未對她造成沉重打擊，因為她利用恢復期間重拾對律師工作的喜愛。她仍有一腳可以站得直。[93]

而至於多樣化經營，組合愈奇特，潛在價值愈大。歌手學會跳舞當然很有好處，但這個組合並沒有哪裡特殊或稀奇。反而愈是罕見的組合，愈能收獲意想不到的成效。會寫程式的醫生，擅長公開演講的承包商，懂法律的工程師，跳芭蕾舞的美式足球員，像海斯曼獎（Heisman Trophy）得主赫雪．沃克（Herschel Walker）就是。[94] 如果總有旁人說你很矛盾，複雜到難以歸類，那你就知道你走在對的路上。

當你活出多重身分的人生，與他人比較也就不再有意義。不會有一套標準劇本告訴一個火箭科學家改行律師，再改行教授，又改行作家的土耳其裔美國人該怎麼活。因為拒絕走上一條固定的道路，我得以寫出自己的故事。而這個故事到目前還挺歡樂的，一路上有不少驚奇的發展轉折。從表面來看，這一切改變似乎令人頭昏眼花，但多虧有多樣化的身分，人生於我成為一場意義豐富且能自己選擇冒險任務的遊戲。

未來屬於能夠超越單一情節或單一身分的人。

這樣的人不以自己的成就或觀念界定自己。他們可能學習法律，但卻不是律師。可能演戲，卻不是演員。可能支持民主黨候選人，但並不說自己是民主黨人。

他們的全貌，用單一個故事描述不完。他們播下的種子結出種類豐富的莊稼。

他們廣大浩瀚。他們包含眾有。

05

發現你的使命

有成就的人，很少坐待事物發生於自己。
她們會走出去，現身於事物面前。

——美國飛行員艾麗諾．史密斯（Elinor Smith）

你的人生劇本

這名二十九歲的演員看著他的銀行帳戶對帳單。[95] 他的戶頭只剩下一百零六美元。他的演員生涯一籌莫展，就快住不起在好萊塢的廉價出租公寓了。他甚至想過賣掉他的狗，因為他沒錢買狗飼料。

為了排解煩悶，他決定看看電視轉播的世界重量級拳擊冠軍賽。衛冕冠軍拳王阿里對上查克．韋普納（Chuck Wepner），一個相對無名的俱樂部拳擊手。這場比賽照理來說，阿里應該能輕鬆取勝。殊不知韋普納克服萬難，奮戰近十五回合才被擊倒。

對陣史上最強的拳王，眾人眼中的無名小卒卻頑強抵抗。受到人類意志的光輝啟發，這名演員決定寫一部劇本。既然在別人的電影裡拿不到角色，他乾脆創作一個由他自己來演的主角。他抓起圓珠原子筆和橫紋筆記簿，就這樣寫了起來。他只花了三天半就完成了劇本。

某一天，他又一次前往試鏡遭到打槍，走出門外的前一刻，他一時興起，回頭向在場的製作人提起他寫的劇本。製作人聽了頗感好奇，讀過劇本之後很喜歡，向他提議用兩萬五千美元買下版權，不過有個前提：他們希望由具票房吸引力的大牌演員來飾演主角。

這名演員拒絕了。他寫這部劇本，就是想讓**他自己**能演主角。「我寧可（把劇本）埋進後院，讓蚯蚓去演（主角）。」他對妻子說：「就這樣賣掉，我會恨我自己。」

製作人誤以為演員用拒絕當作談判手段，於是持續加碼，出價提高到十萬美元，再到十七萬五千美元，然後是二十五萬美元。最後出價三十六萬美元。他沒有讓步。

製作單位不斷強調必須由大牌影星出演主角，但演員希望體現他在劇本裡表述的故事精神——重要的是追隨夢想，相信自己。

最終製作方的態度軟化，同意拍攝這部電影，前提是必須壓低預算。整部電影只用了二十八天就拍攝殺青。這名演員為了節省開支，找來多位家人客串演出，包括他父親、弟弟、妻子，甚至是他的狗狗，巴庫斯（Butkus）。

結果這部電影跌破眾人眼鏡，在全球賣出兩億兩千五百萬美元票房，且在一九七七年的奧斯卡金像獎奪下三座獎盃，包含最佳影片獎。這部電影就是《洛基》（*Rocky*），而這名演員就是當時年輕的席維斯．史特龍（Sylvester Stallone）。

大多數人置身相同處境，想必會放棄飾演主角，賣掉劇本就算了。但史特龍想當個演員。他的長遠指導原則很清楚，所以做決定也不困難。既然這是可望賣座的一部電影，又是演一個為他量身打造的角色，他不會放棄演出機會；哪怕這代表要放棄眼前利潤優厚的交易，換來一無所獲。

一粒種子上下顛倒種進土裡，幼芽會自己導正方向。植物的根知道自己當往哪個方向生長，所以會自力翻轉，伸向該去的地方。[96] 但人不像植物，很多人明知道自己方向錯誤，還是會堅持朝那裡生長——只因為他們向來都是這樣做的。於是到頭來，他們活了一輩子，過得都不是合乎自己性情的生活。

問問你自己：我這一生想要什麼？我真心想要的是什麼？辨明你想要的事物可能很有難度，尤其我們大多數人都差不多，活到現在跟隨的可能一直是別人對你的期望，追逐著人們說你**應該要有**的東西。

以下有幾個開始的方法：

追隨你的熱情就別了吧，熱情太難理解了。反之，追隨你的好奇心。**你**對什麼很感興趣？內心有小小的聲音嘟囔著，要你多認識植物，去上焊接課，或重拾你放棄的縫紉嗜好，請對它說好。某些事物能激起你的好奇心不是沒來由的，它們會為你指出你該去的方向。好奇心和食慾不同，滿足好奇心會更增加好奇心。你愈是跟著線索走，出現的線索往往愈多。

問問自己：*如果誰也無從知道，既沒辦法告訴朋友，也不能貼上社群媒體，我還是會想做的事是什麼？*這個問題背後的道理很簡單：看起來多美好、多厲害並不重要。想讓無形的評判者滿意，往往會迫使你按照大眾標準行事，妨礙你大膽行動，去做與你真實性情相符的事。任何選擇只要沒能讓你感覺充滿活力，就是不佳的選擇。

霍華德．舒曼（Howard Thurman）說過：「別問世界需要什麼。問問自己，什麼事讓你活過來，你就去做，因為世界需要的是活過來的人。」[97] 我以前覺得，逕自去做讓我活過來的事很任性。但其實正好相反。追求你想要的事，並不會成為世界的累贅，反而像燈塔。你這麼做的同時，也為他人闢建了一條新的存在之道。改述歌手麗珠的話來說，當你發光，其實也在幫助他人發光。[98] 讓光穿過你這一面稜鏡，折射出的彩虹不會只在你身上，還會向外延伸至很遠。

想弄清楚什麼帶給你活力、什麼總是在消耗你，不妨每日記錄你的能量變化。把你感覺興奮而投入的時刻記下來，同樣也記下無聊或煩躁的時候。聽隨身體隱微的信號——身體什麼時候是放鬆而張開的，什麼時候緊繃收縮。你的觀察愈詳細愈好（今天下午我在回覆電子郵件，我發覺我的胃揪成一團）。有時候你很難解釋為什麼喜歡某樣東西，你只知道它讓你心底暖暖的，使你不自覺笑嘻嘻的。我們活到現在一直在無視這些內在信號，所以現在除非細心留意，不然很容易忽略。學會辨認身體在你活過來的時候向你發送的信號，開始聽隨這些信號行動。

追逐那些讓你感到快樂的時刻要小心。我人生中有許多個重大時刻，當下我並不覺得快樂，我對前路感到惶然，覺得自己不夠好，覺得還沒準備好。我感覺沉重，深怕自己還扛不起重任。

但我還是做到了那些事。要在其他情緒如海浪一般沖刷過我（撞得我七葷八素）之後，快樂才接著出現。如果你只追求快樂，你永遠不會踏出舒適圈，因為從字面來看，踏出舒適圈就是不舒適的。

也問問自己：我的理想生活中，星期二會是什麼樣子？這是我向戲劇指導潔米．卡羅（Jamie Carroll）學到的問題。週六夜的快樂時光很容易想像：得到升遷加薪、爭取到難得的角色、簽下新書合約。但這樣的時刻發生得少，而且匆促易逝。剩下的時間都是星期二，那每個平凡的日子。

你可能在想：*我怎麼能想做什麼就去做！*也許你認為，如果你能隨心所欲行事，你的生活會滿是香菸、烈酒，終日放空打遊戲。的確，少了韁繩約束，你可能會有一陣子耽溺在這些活動裡，但你終究會厭煩，你會發現這些是劣質的替代品，取代不了你心底未滿足的渴望——那一股渴望探險、流動、參與的感受，可以透過遠更具建設性、長遠持久的方式實現。唯有允許自己去做你認為自己想做的事，你才會發現自己真正想做什麼和不想做什麼。

最後，想一想你的人生意向。你會怎麼回答「為什麼」？你為什麼在這裡？如果要你寫訃聞描述自己的一生，內容會是什麼？如果臨終前躺在病榻上，你會遺憾什麼事沒做？你人生的意向，往往和你的第一原理相連。重新再複習你的第一原理，想想你能怎麼運用這些原則來表達自我。

我們一般認為北極星是不動的，但其實不然。它和天空所有星體一樣會動——而且移動幅度大到約莫兩千年後，它就不會再是北極星。[99] 你的人生渴望同樣也會變動，隨著周圍世界變化和你自身的改變。事實上，追隨好奇心無可避免會改變你，帶領你跨出過去所走的路，引你走上新的存在之道。只要是你有意識地選擇這麼做，改變方向並沒有錯。

一旦你清楚自己想要什麼，你就能拒絕不相干的事物，自願退出不會帶你走近目標的無意義競賽。如果你不事先決定你的指導原則——先於事情火熱的當下——你會讓看似急迫的事擠掉真正重要的事。

金凱瑞說，他的父親佩西原本能是個出色的喜劇演員。但佩西認為想靠表演喜劇維生是一件傻事，所以他選擇安全牌，去做了會計師。可後來卻遭到解雇，金凱瑞一家人頓失所依。回顧他父親的一生，金凱瑞說：「做你不想做的事也可能失敗，所以何不逮著機會去做你喜歡的事。」[100]

我們在尋找人生使命的時候，經常是逃離我們不想要的，而非奔向我們**真正**想要的。我們做決定的依據，是金凱瑞說的「恐懼偽裝成務實」。追求你想要的東西很可能是一件可怕的事，因為只要嘗試追求，就有可能求而不得。

卡爾·薩根畢生致力於尋找外星生命存在的證據。他失敗了，他始終沒找到。但他讓數百萬人，包含我也是其中之一，為星體著迷。他對人類做出不計其數超越自身生命的貢獻，幫助人們認識這個我們有幸得以生活在其中的宇宙。

只要你享受這段旅程——只要你是在創造自己自豪的藝術——誰在乎有沒有抵達終點呢？

你早已經得勝了。

空想與行動

發現你的人生使命需要透過行動。你必須拉動繩線、按下按鈕，在實驗中找到你的下一步。

很多人並不做實驗。有些人甚至根本不行動，始終維持停滯。這些人是足不出戶的冒險者——他們每件事都想太多，發現自己困在得失損益的盤算裡不敢採取行動，因為他們害怕做錯。也有一種人太快從發想跳向執行，跳過實驗階段，認為現實必會驗證他們半生不熟的理論。

若要說我的人生遵循著什麼公式，應該就是這個：**停止多想，開始實驗，在實驗中學習與改進。**實驗能擊退空談。行動是最好的老師。你盡可以詳列所有的優點缺點，但除非你實際試過，不然你很難知道哪些行得通、哪些行不通。

從前我當法學教授的時候，遇過無數學生基於各種錯誤理由來讀法學院。可能有人誇過他們「很會辯論」。或者叔叔伯伯是成功的律師。或者小時候愛看影集《法網遊龍》（*Law and Order*），一直嚮往當檢察官。

不論哪一種原因，現實都與他們過高的期待不符。這之間的落差就來自於沒有先做些實驗，判斷法律事業適不適合自己。很多人不覺得有必要先了解當律師或神經外科醫生，或 Podcast 播客，**實際**是怎麼一回事。

考慮讀法學院？別只是看《法網遊龍》。別只是聽叔叔伯伯靠不住的建議。何不實際坐進法學院課堂旁聽一節課，或到地方法律事務所實習看看。

考慮學神科外科。與神經外科醫師聊一聊，了解他們的日常現實。他們的星期二是怎麼過的？收集多方觀點。跟著神經外科醫師行動一天。與樂在工作的神經外科醫師聊一聊——更重要的是，也與不喜歡這個工作、後來離開這個領域的醫師聊一聊。

想當個 Podcast 播客？先推出實驗性質的 Podcast，以錄製十集為目標，看你喜不喜歡做這件事。

實驗就是虛心受教——承認你不確定你的發想行不行得通。實驗也能減低你對某個念頭的執著。你還沒下定決心要搬去新加坡生活，只是先住上兩週看看你喜不喜歡那裡。記得要變換你的實驗，這樣你才能比較不同選項，看哪個最適合你。所以別只是走訪新加坡，也去伊斯坦堡、香港或雪梨走訪看看。

目標不在於「做對」，而在於「探索」。每次沿著不同的路走，有時候總會遇上死胡同，或發現嘗試的這一條路與你不合拍。沒錯，你在法律事務所實習的暑假可能過得慘兮兮，但至少你不用在法學院浪費三年光陰，欠下沒必要的學貸。你學到法律執業不是你的菜，於是可以敞開心胸再去嘗試其他可能。

追蹤獅子足跡的人，稱這叫作「不是這一條路」（the path of not here）。獅子追蹤師博伊德．瓦提（Boyd Varty）寫道：「沿著一條路，走到後來沒找到足跡，這也是尋找足跡的一環……**任何行動都不算是浪費，關鍵在於持續移動、調整、接受反饋。**『不是這一條路』也是『就是這一條路』的一部份。」[101] 不論在獵徑上或人生中，最不理想的錯誤是被眾多選擇嚇得不敢動彈，一個都沒敢去嘗試。

以下是我實驗前會問的三個問題：

1. **我想測試什麼？**既然是做實驗，你需要知道你要測試什麼。我會喜歡製播 Podcast 節目嗎？我想在新加坡生活嗎？
2. **失敗會是什麼樣子？成功又是什麼樣子？**趁你的頭腦相對清醒，投資的心力和沉沒成本尚未蒙蔽你的判斷力前，事先界定你失敗和成功的標準。
3. **實驗到何時結束？**「某一天」不是個好答案。訂下一個明確的日期，寫在你的行事曆上，時間到了就評估這個實驗是否行得通。開始一件事比結束容易得多，所以有必要先想好退場計畫。

最理想的實驗，會帶有一種「不知道會怎麼發展」的特質。這種不確定感就像一把鑰匙，能開啟可能性的大門。實驗產出超乎預期的結果，往往比證明既有想法的實驗遠更有價值。

保有這種心態，人生會變得像是在你自己的實驗室裡進行無止盡的實驗。你不會固守一個恆定不變的自我，你會嘗試自我的各種可能。比起制定嚴謹的計畫，你會實驗不同的未來——並且一面探索什麼適合你、什麼不適合，一面允許道路自然浮現。

追逐金牌問題多

傑森·亞歷山大（Jason Alexander）在情境劇《歡樂單身派對》（*Seinfeld*）飾演喬治·康斯坦薩（George Constanza）知名度大開，八度獲艾美獎提名，但他一次也沒得獎。

葛倫·克蘿絲（Glenn Close）八度獲奧斯卡獎提名，她也從來沒得獎。

卡爾·薩根獲提名美國國家科學院院士，那是科學界的最高榮譽。最終他被否決了，學術機構多數瞧不起他向大眾普及科學，所以投票反對他的院士資格。

艾薩克·艾西莫夫一直寫到第二百六十二本書，才首度登上《紐約時報》暢銷書榜。[102] 我沒有打錯數字。他用了四十三年，連續寫了二百六十一本不暢銷的書。

這難不成就代表傑森·亞歷山大和葛倫·克蘿絲是差勁的演員嗎？薩根就不配被稱為天文學者嗎？艾西莫夫的前二百六十一本書就都是垃圾嗎？

當然不是。

然而，我們在自己的人生中，卻常用一路以來的獲獎數來定義自己的價值。我們希望先我們一步獲選的人接下來選中我們。我們希望受到外界認可，希望有人拍拍背讚賞我們——就像獲頒金牌。我們交給別人來決定我們夠不夠好。一旦獲得肯定，人生也變得像走在鋼索上，不能一個不慎失去肯定。

據傳拿破崙曾說：「我發現一件極有意思的事，人甘願賭命，甚至不惜一死，就為了獎章！」我們把心思放在收集獎章——社群媒體追蹤數、顯赫的職稱頭銜——忘了這些虛榮的指標罕能推進真正重要的事。我們尋求掌聲而非提升。我們追求不符合自己性情的目標。我們玩著沒有意義的遊戲，贏下沒有意義的獎品。

我們愈重視這些虛榮的指標，就愈害怕失敗。愈害怕失敗，我們愈極力想確保成功。而愈是極力想確保成功，我們就愈會照章行事、依樣畫葫蘆，也就變得愈沒有特色。

如果你用外在的標準來引導內心的羅盤，羅盤的指針永遠不會穩定，永遠會一直擺晃，因為外在的認可變化無常。穩定的羅盤需要依照你自己的標準，而非他人的準則。

亞歷山大、克蘿絲和薩根控制不了學會成員投票。艾西莫夫控制不了多少人會買他的書。你控制不了老闆要不要給你升遷，或你想進的公司要不要錄取你。假使我們用他人控制不了的結果去衡量他們的價值，我們會認為所有樂透得主一定都是天才。

給你一個簡單的反思：這件事是我能控制的嗎？

別把你的人生主導權交給別人掌舵。你有自己的方向感和平衡感。專注於你能塑造的——其餘一概不用理會。

你擁有的夠了嗎？

我們擁有的很夠了。綽綽有餘。

我太太凱西和我離開我們在波特蘭最喜歡的餐廳，開車回家的路上，閒聊到我們吃得好飽。凱西這時轉頭對我說：「真奇怪，如果是吃東西，我們都很清楚自己吃得夠了。但在人生其他方面卻不是這樣。」

她說得沒錯。

我們想盡辦法再多擠出一個小時工作，雖然我們工作得很夠了。我們想盡辦法再多賺點錢——雖然我們賺得已經夠了。我們渴望更多關注和更多讚賞，雖然再多也不會令我們長久快樂。

但我們的身體很明智，假如吃飽了還硬塞，身體會大聲警告我們別再吃了。然而我們的自尊心很傻，始終感到不滿足，渴盼更多錢、更多關注，一切都想要更多，儘管我們擁有的早已足夠。

你想成為百萬富翁？等你戶頭餘額上達七位數，你會開始指望有八位數。你希望有一千人追蹤？達到以後，你會希望增加到一萬人，然後是十萬人。你希望有車有房不落人後？等你實現了，你會不想輸給其他更闊綽的親友——他們有更漂亮的豪宅、更名貴的車。如果你不去定義怎樣對你是「足夠」，預設答案永遠會是「更多」。

俗話有云，為了增長而增長是癌細胞的思想。要了更多，還要更多，這是永無饜足的怪物。世上永遠不會有足夠多的錢可以防止所有困境，不會有足夠充分的安穩可以抵擋所有未知，也不會有足夠強大的力量可以擊敗任何挑戰。

所以問問你自己：對我來說怎樣是「足夠」？我要怎麼知道我已經夠了？「足夠」這件事最美的一點，就是它的定義決定於你。只要你「決定你擁有得夠了，你擁有的就夠了。」賽斯．高汀（Seth Godin）這樣寫道，「隨此決定而來的是一種非凡的自由。那是維持靜定的自由，是覺察的自由，是生活仍有待實踐而你不再逃避的自由。」[103]

我在這裡說一則有名的故事供你體會。馮內果（Kurt Vonnegut）曾提到他和名作《第二十二條軍規》（*Catch-22*）的作者約瑟夫．海勒（Joseph Heller）有過一段對話。[104] 他們兩人出席億萬富豪舉辦的宴會。席間，馮內果轉頭問海勒說：「咱們的東道主單單昨天賺的錢，就比你的小說《第二十二條軍規》出版至今賺的版稅還要多，知道這件事你有什麼心情？」

「我有他永遠不會有的東西。」海勒回答。

「老喬啊，能有這樣的東西嗎？」馮內果問他。

「我明白我擁有的已經夠了。」

小心量化標準

剛當上教授的時候，我很訝異《美國新聞與世界報導》雜誌（*U.S. News & World Report*，以下簡稱《報導》雜誌）所做的排名，對學生和教職員做決定竟然有這麼大的影響力。

《報導》雜誌按名次排列美國各大專院校及其他學分學程，名次順序照的是一套判斷學校優劣的公式。如果說大專院校最應重視的是教學品質，那《報導》雜誌的排名就有嚴重缺陷。雜誌公布的學校排名決定於各項因數，例如錄取率、教員薪資、校友平均捐款率，這些都和教學品質沒有太大關係。雜誌排名並未納入考慮學生實際有沒有學到東西，或者是否滿意在校的學習經驗。

對學生來說，有了排名，他們就可以不用自己去想得那麼複雜。校排名給的資訊少之又少，但很多人就此根據校排名做出人生中最昂貴的投資。比起仔細思考什麼樣的課程最適合自己，他們交由校排名去決定。外在聲望是得到了，代價卻是內心的苦惱，因為他們念的是一所自己到頭來不喜歡的學校。

更有甚者，不少學校會利用這種制度的遊戲規則，爭取更高的名次。他們反向操作評分公式，設法推進自身的排名，而非注重資源是否用在對學習品質有益的事務上。[105]他們增加不必要的教職員人數，降低轉學生的錄取標準，因為轉學申請不會計入名次評比。這些學校傾注大量經費在招生業務上，並且增加申請名額，這樣校方就能多拒絕學生，降低錄取率。

沒本錢玩規則的學校，則會想辦法蒙騙規則。不少學校，其中更包括赫赫有名的喬治華盛頓大學和埃默里大學，都被逮到過謊報數據以提升學校排名。

彼得·杜拉克（Peter Drucker）據說有一句名言：「能量化的就能管理。」這條原則表面上很合理：只有把成果量化，你才看得出採取的行動有沒有影響結果。

但量化不只方便管理。事物經過量化也會奪佔我們的注意力，改變我們的行為。[106]假若你不小心留意，數字可能會取代思考，變成目的。

企業領袖常會放開掌舵的手，把主導權交給一堆數字組合。即使偏離軌道——即使數字導引他們走上錯路，他們仍繼續向前開，因為他們只學到短視近利看著時速，不知道要抬起頭看看，車子是否正帶領他們前往想去的地方 。

美商富國銀行（Wells Fargo）就陷入這種陷阱。富國銀行要求員工向既有客戶推銷額外的金融產品，員工因此承受龐大壓力。面對不可能滿足的配額，唯一辦法就是假造新帳戶欺騙系統。銀行員工「開立逾一百五十萬個存款帳戶和五十六萬五千多個恐怕未經授權的信用卡帳戶」。[107] 公司最後必須支付四億八千萬美元解決針對證券詐欺的集體訴訟。[108]

如果我們把心思過度放在我們量化的事物上，很可能會不自覺忽略其餘的一切，包含常識在內。

量化還有一個壞處。量化促使我們把焦點放在容易用數字表示的結果。律師計算以六分鐘為加價單位的可收費時數。電腦程式設計師計算寫了幾行程式碼。社群媒體網紅計算用按讚數和轉發數當作有形成就。很多人三不五時數著自己戶頭結餘數字末尾有幾個零，或收件匣裡有幾封訊息。我們計算容易計數的東西，而非真正有意義的東西，並且錯以為只要達成某個數字，所做的事就有價值。

拿寫作來說吧。創意發想需要把點連成線，而連連看需要給自己時間，讓潛意識去串連我的想法並找出關聯。所以我時不時需要呆望著窗外，什麼也不做。儘管這麼做實際是有所助益的，但這麼做卻總「**感覺**」很沒有產值。如果我用我鍵入了多少字數來衡量我的產出，我不覺得自己實踐了什麼，只會感覺沮喪透頂。

現代知識勞工的產出往往難以計量。知識勞工整合決策，販售影響力，促使改變發生。而且，知識勞工的獲得和付出之間常常有很大的落差。他們可能工作好幾天、幾星期、幾個月，甚至好幾年，仍看不見任何可以量化的結果。

事實上，人生最寶貴的一些特質往往沒有可計量的單位。像誠實、謙虛、美和玩心這些價值更為無形，所以總被忽略。你很難計量現在的你相比去年有沒有成為更好的父母或同事。這些不可計量的特質也因此淪為事後才會想到的附帶。所以請謹慎量化。定期問自己，*計量這個的目的是什麼？我計量的對象是對的嗎？計量這個對我有無幫助，或者其實我在迎合它？*

因為計量本身不是目的，它是達成目的的工具。

而若對實現目的不再有用，就該是時候捨棄它了。

這不適合我

我在網路上瀏覽康乃爾大學的課程一覽，這個想法一直盤桓在我腦中。

我還是個大學新鮮人，正在為未來四年作規劃。但眼前有個問題：可選的這些主修都不吸引我。有幾個很接近了，但還是沒完全囊括我想學的東西。

於是我問自己：*如果我自創我的主修呢？*比起調整我的偏好以配合安排好的課表，不知道課表本身能不能調整。

我橫越大半個校園到註冊組詢問我能不能自行設計學習路徑。答案令人意外，居然可以。有一個少有人知道的學程，允許一小群大一新生自創主修。我申請並通過了，我得以自己設計這四年的冒險任務，修我想修的課——而不是別人認為對我有用的課。

多數人通過人生，走的都是最方便的門。我們走在阻力最小的道路上，被不是我們主動繫上的繩索東拉西扯。我們告訴自己：可以的，這工作我能做。可以的，我可以主修這門學科。可以的，我可以折折腰，擠進別人建造的小門。

但這那些門很可能不是最適合你的。有意識地創造並開啟適合你的門，而不是縮小自己以擠進本已存在的門，這樣做具有莫大的力量。在你決定好人生想要什麼以後，退出選單。

主動尋找、自力創造。

因為人生最美好的事物不在選單上。

你囚禁在自建的牢房裡

籠中出生的鳥，以為想飛是一種病。

——據說語出智利導演亞歷山卓·尤多洛斯基

（Alejandro Jodorowsky）

想像你在一間牢房裡。你抓住鐵欄杆，揮手踢腳，放聲嘶吼，厲聲咒罵要守衛來放你出去。但沒有人來幫你，因為這座監牢是你自己設計的。這是你自己造的監牢，你是總建築師，鐵欄杆限制你的思想，鐵鍊栓住你的行動。你是監獄的看守人，也是坐獄的囚犯。

確實，人生來即面臨真實的限制——簡單列舉幾個，包括你出生在哪裡、所屬的社會階級、社會的結構性歧視。但也有許多是自我施加的限制，你站在自身的陽光下，遮擋出你自身的智慧。你在宇宙還沒機會打開以前就先關上了門。你化身自己的煤氣燈操控者——操縱你、誤導你，讓你質疑起自己所在的現實。

我們往往還會捍衛自己建的監牢和自我施加的限制，使處境更惡化。我們不敢開展新的業務，認為自己沒有相應的能力。我們猶豫要不要申請升職，認為有遠比我們更適任的人選。

預期心理改變我們的現實，化為自證預言。俗話說了，你聲稱你的極限到哪裡，你的極限就真的到哪裡。

嚇住我們的不是囚牢裡的黑暗，而是外頭的光。我們抱怨自己坐困牢籠，但心底深處，我們覺得牢房安全又舒適，畢竟是我們自己打造的。外面的世界很可怕——要是冒險走出去，不知道會遇上什麼。

監牢愈老舊，鐵欄杆鏽得愈厲害，想逃獄反而愈難。很多時候，我們甚至沒發覺自己活在監牢裡。隨著我們對自身能力的過時想法持續拖住我們，久而久之，鐵欄杆在我們眼中也像是隱形了一樣。我們在同一個狹隘的空間裡來回踱步，渾然不覺其實有路能走出去。

你對現在的人生處境一直覺得不安？那可能是你無意間把自己關入監牢的徵兆，外頭有一種截然不同的生活尚在等你，那個生活比你所能想像的還更廣闊。

問自己：我替自己建造了怎樣的囚牢？我是不是也參與創造了有礙我前進的枷鎖。我認為自己哪方面不夠好、不夠聰明、不夠資格、不夠____？

想揭露你施加於自己的限制，採取極端的行動吧。大膽嘗試你不認為自己做得到的事，就算不認為自己有資格也開口要求加薪，去應徵一份你不認為會錄取的工作。

滾石樂團的歌提醒我們，你不可能次次都能得到想要的結果，但透過拓展視野，你也會拓展可能性的疆界。你以為撼動不了的鐵欄杆，後來往往會發現只是幻覺。

到頭來，你囚房的門其實沒有鎖。別再沒完沒了地敲著鐵欄杆咒罵獄卒。別再阻止你自己。推開門，走出去。

變化三階段

1. 你認為自己做不到某件事。
2. 你被迫去做（或鼓起勇氣去嘗試）。
3. 你發現自己其實做得到。

別再一肩獨挑

我決定從我的字典裡刪去一個單詞。那就是「should」，應該。這個單詞是從古英語的「shall」演變來的，意思是「負有義務」或「虧欠」。「應該」這個詞，通常代表我認定自己有義務去做某件事——甚至我們自己並未察覺。

我曾經也奉行「應該做什麼」這個信仰體系。應該做什麼，是他人對我應如何過活的期待。應該做什麼，是我關住自己的監牢，是限制我的思想的鐵欄杆，是拖住我行動的鎖鏈。這些「應該」有的很耳熟：

- 你應該開始冥想。
- 你應該在社群媒體上多發文。
- 你應該結婚生孩子——再晚就生不了了。
- 你應該等有人向你開口再說話。

我們在「應該」的浪潮裡很容易迷失自己。我發現自己每次用上「應該」二字時，接著要做的事通常與我的意向不符。我是被別人的期待所左右，而非看向我內心的羅盤尋求指引。

用個幾分鐘，把你人生中的那些應該寫出來。把你牢房的每一根鐵欄杆給看清楚。對於每一個應該，問問自己：

有義務這麼做的感覺是哪裡來的？誰施加的？適合我嗎？是我想要的嗎？還是我認為我應該想要的？

如果有某一項「應該」確實適合你，與你的性情一致，你可以改變用詞以反映心理上的轉變，讓這件事不那麼像是義務，而更像是你的渴望。不說「我應該……」改說「我可以……」或「我想要……」或「我很幸運能……」。

但若它不適合你——侷限你的思考、限制你的潛能、阻礙你活出想要的人生——那就扔開它吧。

別再挑起滿肩重擔。活出你自己的期待，不要困在別人的期待裡。

改變我人生的電子郵件

寄，還是不寄？當時還是十七歲高中生的我在伊斯坦堡，坐在我的電腦前，腦中盤繞著這個問題。游標在信件末尾閃爍，我剛打完一封給康乃爾大學教授的信，我不久前才被他們錄取。

我發現這位教授是一項火星計畫的首席研究員。不僅如此，他還曾經是我童年的偶像卡爾．薩根門下的研究生。簡直奇妙到不像真的。

我在剛寫好的郵件裡分享我的學經歷，表達了我熾烈盼望能參與計畫為他效力。但一想到按下送出鍵，嘰嘰呱呱的聲音就會在我腦中響起，要我看清楚我的牢房範圍。

他們沒有在徵人。你怎麼能應徵一個不存在的職缺？你能有什麼貢獻？你寄出這封信只是在鬧笑話。

我成長在一個強調安分守己的社會。每次跟朋友說我未來想要參與 NASA 太空任務，他們很多人都會說：「你不可能的啦。你出生在開發中國家，家境又普通。哪有像你這樣的人參與太空任務的，也許等來生吧。」但我不願意把夢想留待來生。

當別人說你做不到，往往也透露出他們不允許自己去做的事。他們的建言其實是一種投射。看見你走出監牢，他們也意識到自己的囚牢：*我困在這座牢籠裡，而你卻想出去？去做那些事？你好大的膽子！*

他們或許知道機率很小，但他們不懂你。而且一扇門關著，不見得上了鎖，有時候只是需要用力去推。

我決定推一把。我深吸一口氣，寄出了那封電子郵件。不到一星期，我就收到回信。教授邀請我在入學當天去和他面談。部份要感謝我自己在高中時代學會寫程式，我在二〇〇三年火星探測漫遊者計畫的營運團隊得到一份工作。

當時的我一點也不曉得，那封電子郵件在往後二十年間觸發一連串事件，促成《像火箭科學家一樣思考》這本書的出版，連帶使我展開作家生涯。要是當初沒寄出那封信，你很有可能不會讀到現在這本書。

我不時還是會掙扎於該不該打破牢籠。在我發現自己害怕行動——腦中的聲音此起彼落高喊我做不到的時候，我會回想改變我人生的這一封電子郵件。

然後按下寄出。

你做不到的

「她最近好奇怪，她怎麼了啊？」他們會說。

「沒怎麼了。」你會回答。「事情終於向前進展。而這才只是開始而已。」

「她真是自以為了不起。」他們會說。

「我除了讓自己更好，還能做什麼？」你會回答。

「她變了，她不像以前的她了。」他們會說。

「很好啊，我在成長變化。」你會回答。

「她只是遭遇中年危機啦。」他們會說。

「這不是中年危機，這是中年綻放。」你會回答。

「你做不到的。」他們回說。

「看著吧。」你會回答。

第三部分成三章

第六章　解鎖內在智慧：汲取你的內在智慧，點燃創造力。

第七章　釋放遊戲的力量：利用遊戲催生原創見解。

第八章　放膽去創造：為自己也為世界，創造有意義的藝術。

第三部

解放你的內在原力

我會告訴你：

- 傑出思想者用來催生創見會做的簡單練習。
- 在自助餐店玩盤子造就諾貝爾獎得主的精采故事。
- 關閉理智為什麼是產生更好想法的關鍵。
- 從Netflix犯的最大錯誤裡你能學到什麼。
- 為什麼不該再把你的辦公室叫作辦公室。
- 策略性拖延的力量。
- 「自我推銷很可恥」的說法沒道理。
- 《我們的辦公室》編劇群用來提升創意的驚奇策略。

06

解鎖內在智慧

熱烈激昂的戲還在上演，你也許能貢獻一首詩。

——華特．惠特曼，《啊，自我！啊，生命！》

怎麼做到獨立思考

電影《心靈捕手》（*Good Will Hunting*）裡有一場戲，主角威爾和朋友走進哈佛大學周邊一間酒吧。他們都不是哈佛的學生，這點從他們的衣著和談吐已表露無遺。在酒吧裡，威爾的朋友查克和一個叫史凱勒的哈佛生聊起來。

這時候，另一個叫克拉克的哈佛生走來，開始嘲弄查克沒腦袋。他問查克對「市場經濟在南方殖民地的發展」有什麼看法，然後克拉克接著說：「我的看法是在革命戰爭前，特別是南方殖民地的經濟形態，最適切的形容是前資本農業……」

此時威爾岔進來，成就電影史上最大快人心的一幕，他說：「你當然有這樣的論點，大一新生嘛。剛讀到一些馬克思史觀，想必是某大教授寫的……到了下學期，你就會在這裡反芻伍德，大談革命前的烏托邦和軍事動員對資本形成的影響。」

克拉克接著說：「事實上我不會，因為伍德大大低估社會……」

威爾：「因為伍德大大低估財富造成的社會差異，尤其是繼承財富……，這是你從維克看來的觀點，《艾郡就業分析》（*Work in Essex County*）第九十八頁，對吧？沒錯，我也讀過。你打算剽竊整本書說給我們聽嗎？對這些論點你有任何自己的想法嗎？」

這一場戲是當今社會的縮影。世界上到處是克拉克，但卻沒有威爾把他們揪出來。我們或許沒有克拉克那樣自命不凡，但很多時候我們的態度就像他一樣而不自知。就像甘迺迪（John F. Kennedy）說的：「我們略過思考的不適，享受意見的安樂。」[109] 我們轉述自己從因演算法而出現的貼文上看來的內容。我們轉發世界上的「伍德」說的話，而不曾停下來反思。我們往內在世界注入太多外來垃圾，逐漸難以區分到哪裡是別人的想法，哪裡開始才是我們的想法。

我們不再用紙筆思考。我們用搜尋引擎「思考」。比起瞪著白紙一張，從零建構自己的想法，從熟悉的地方出發，借他人的看法使力感覺舒服多了。甚至連搜尋字串都不必自己輸入完。Google 的自動完成功能替我們卸下千斤重擔，直接告訴我們**應該**搜尋什麼、**應該**要想什麼。我們再接著從搜尋引擎最佳化篩出的最佳結果當中，為人生、為宇宙萬物找答案。這個過程給我們思考的幻覺。但事實上，我們只是放棄控制自己寶貴的神經突觸，交給演算法操縱。

格倫農．道爾（Glennon Doyle），暢銷書《不馴》（*Untamed*）的作者，也曾意識到自己陷入這種處境。[110] 她凌晨三點坐在床上，往 Google 搜尋欄輸入了這一行問題：「我老公外遇不忠，但卻是個好爸爸，我該怎麼辦？」但就在乍然清醒的一瞬間，很多人沒能感悟到這瞬間，她瞪著那一行問題心想：「我這是把我人生最重要也最私人的決定拿到網路上問嗎。我為什麼寧可相信地球上的其他每個人，卻不相信自己呢？**我自己死去哪裡了？**」

如同道爾這樣恍然大悟的次數，多到我自己都記不清了。甚至就在寫你目前讀的這一章的時候，我發現自己竟然上網搜尋**為什麼我的書這麼難寫？**——好像一群我從沒見過的陌生匿名群眾和機器人真有辦法化解我的創作瓶頸一樣。

我們與人類最基本的經驗——思考，失去了聯繫。我們向別人討求答案，就像托爾斯泰寓言裡的乞丐，向過往行人乞討一毛五角，渾然不覺自己其實就坐在一口金甕上。我們不是深掘內心尋找洞見，而是把人生最重要的許多問題外包給別人，熄滅自己思想的火光。而後，這些被壓抑的思想又在午夜夢迴時糾纏著我們——我們在欣賞的作品裡，看見那些因為是自己想到所以被無情捏碎的靈感。

巴布・狄倫在〈地下鄉愁藍調〉（*Subterranean Homesick Blues*）的歌詞裡提醒我們：「你不必聽氣象預報，也能知道風正吹向何方。」如果倚賴氣象預報員給出我們自己就能找到的答案，我們便失去為自己思考的能力。

獨立思考不只是像我在第三章〈解毒〉說的減少外界輸入就好。重點是把思考當作一項刻意練習，先把事情想過一遍**再去**搜尋。重點是忘卻以前學校灌輸給我們的習慣，不再立刻向他人找答案，而是先好奇自己怎麼想。

比方說，你好奇靈感從哪裡來，與其立刻投向Google，或甚至閱讀相關書籍，何妨先自己想一想這個問題。在你自己的腦中搜尋，挖掘相關的想法，然後摘要記錄下來。假如你顛倒順序，你先讀了再想，那麼他人的看法會對你施加過多的引力。一旦被他們的軌道抓住，你將很難達到脫離速度衝出軌道。就算勉強做到，你自己的想法最後也只會稍稍偏離你讀到的東西。

當你開始往自己的深處探索，你最初遇到的想法往往不會是最好的想法。那些會是你告訴自己的故事，或是關於該主題的常識。所以要抗拒一有答案就停下來的傾向，繼續前進。深度思考需要時間。專心在一個題目或疑問上夠久，你才會下潛得更深，找到更好的見解。

我們大多數人很排斥騰出時間深入思考，因為沒辦法立即產出具體結果。每回覆一封電子郵件，能看到收件匣往歸零又進一步。可是每多花一分鐘思考，好像也沒什麼結果——至少表面看不出來。因此，大多數人並不和自己的想法相處，很快就向外尋求最唾手可及的娛樂。

「我沒時間思考」意思其實是「思考不是我的優先」。就連在原創靈感價值明顯的行業，願意投入深度思考也罕見到令人訝異。然而表淺的思考，將產出表淺的想法，隨之而來更是錯誤的決策和錯失的機會，畢竟發想與突破，往往不太會爆發在開會和手機提示通知之間那六十秒內。

大眾文化也加劇表淺的思考。說明突破如何發生時，敘述者常常會聚焦在「靈光乍現」的一刻，彷彿不費吹灰之力的一個閃現，充分成形的見解就出現了。「某個人思考許久」的一段影片，播出來並不會吸引人，閱讀「之後她又想了一想……」這樣的句子，也令人無感。但茅塞頓開的剎那，是長久、緩慢煎熬的產物。電影製片人大衛・林區（David Lynch）形容得很好，想法像魚：「你只想抓小魚，可以待在淺池子；但如果想抓大魚，你就得往深處去。」[111]

潛入深水，需要持續專注於一個想法、一個疑問，或一個難題。優先之事叫 top of mind，思緒最上層，不是沒有原因的：這個問題必須是你允許思緒漂流時，它首先漂向的地方。如果你在大腦閣樓裡塞滿垃圾，重要的想法會被其他東西擠掉，得不到必要的發展空間。

自主深入思考一個問題過後，再去讀一讀別人寫的想法，但別因此停止你的思考。我們閱讀時，往往不會與閱讀的內容互動。我們透過作者的眼睛，而不是用自己的雙眼去看。我們被動吸收他們的看法而未加以思索。也因此，閱讀變成一種規避責任的方式。

在你讀的文字底下畫線強調還不夠，只問「作者是怎麼想的？」也不夠。你需要問：我怎麼想的？我同意哪些部份？哪裡我不認同？只因為是某經濟學家寫的，不代表就絕對正確，而他的觀點也不會是唯一觀點。除了讀出字裡行間的意思，也要在字裡行間寫字——在書緣空白的地方與作者進行想像的對話。

閱讀的目的不只是理解。是把你讀的東西當成工具，當成用以解鎖你內心想法的鑰匙。我讀一本書而產生的靈感，有些並不來自於那本書。我讀到一個想法，往往會撥動原本隱藏在我腦中的另一個相關想法。文字會像鏡子，幫助我更清楚看見自己和我自己的想法。

你的心底深處不是逃避現實的場所，反而是能發掘現實的地方。突破靠的不是吸收所有外界的智慧，靠的是發掘你內在的靈光。

自言自語的魔力

Abracadabra，阿布拉卡達布拉。意思是：我創造我所說的。[112] 這不單是變魔術的口訣，也是創造任何前所未有事物的關鍵。創造你所說的，我指的不是你對別人說的話，而是你對自己說的話。自言自語被社會當作禁忌，只有小孩子和莎士比亞四行詩裡的人物會跟自己說話。你如果 Google 搜尋「自言自語代表⋯⋯」，自動完成的第一條預測字串會是「精神快要崩潰」。

但其實正好相反。自言自語對深入挖掘洞見很有必要。「不是有了思想才造就言語，而應該說，言語是一個創意發揮的過程，反過來催生了思想。」文學學者娜娜・艾瑞爾（Nana Ariel）寫道。[113] 自我對話幫助我們發現自己的想法，允許我們找到並取回本已存在的靈感，賦予無形的思想實質的形體。

很多思想者以自由書寫的方式進行自我對話——想到就寫下來，並不公開發表。我們帶著腦中無數未經整理的想法四處走動。有些還不完善，有些相互矛盾，還有很多荒謬又錯誤。所有想法就這樣糾結成一大團，因為我們並未花時間去分類整理。

神奇的事會在想法化為文字之際發生。自由書寫連結你和你的直覺，打開意識和潛意識之間的渠道，將你的思緒深處直接連向指尖。由於無處可去，面對的只有你的想法和一張白紙，自我實現的過程於焉展開。你開始發現你是什麼樣的人、你知道什麼、你在想些什麼。這是最接近把你的頭腦剖開、觀察自身想法的一件事。

放自己自由書寫，也等於放自己自由思考。被壓抑在潛意識中的大魚得以破網而出，在你的腦海裡四處泅游。你愈釋放這些想法，把意識的河道拓得愈寬，想法來得愈多。

這種自由書寫練習在作家圈子裡叫「晨間筆記」（morning pages），是茱莉亞・卡麥隆（Julia Cameron）在著作《藝術家之道》（*The Artist's Way*）首創的用詞。[114] 自由書寫在早晨進行有一些好處，你還沒開始滑手機污染思緒。但晨間筆記移到一天當中任何時段也行。更重要的是去做這件事，什麼時候做沒那麼重要。

我的電腦上有一個檔案一整天都開著，我一有想法就記在上面。寫書的構想？寫下來。昨晚為什麼失眠？寫下來。因為這個檔案不需要完成，我的想法得以自由流動。沒有完結，也無須完美，什麼都可以寫。

開始寫吧，想到什麼就寫下來。可能有些天沒出現什麼有趣的，或者想法都很荒唐，但也有些天，意想不到的見解會憑空出現。記住：你是在書寫，不是為了出版發表或博得掌聲，而是為了發現你的想法。

想法自由流動的深潭如果聽起來令人卻步，試試為這項練習添加些架構。你可以替自由書寫連上一個目標，鬆散地連結也好。問自己：我的書要怎麼命名？我們可以怎麼在客服流程裡增加歡樂？我的下一個事業該做什麼？

為了讓想法流動無礙，兩件事有其必要。

首先，你的文字要有隱私。要是總擔心想法可能被人發現，你不會有安心玩耍的空間。你會很難降低自我壓抑，也很難關閉自我審查系統。創作的過程難免尷尬。想法在萌芽階段總是脆弱。如果尚未開花結果，就太早展露在他人眼前，你可能會把不合時宜或尚未完善的見解給捻除。到最後你會希望與值得信賴的團體分享想法（稍後會再聊到）。但現階段，把這些想法當作地下組織，先別談論它們。

再者，你必須誠實面對自己。說來簡單，做起來難。我剛開始自由書寫的時侯，發現自己會說謊——對自己說謊。我會潤飾說詞來辯解自己犯的錯，或篩選片段敘述發生的事，而非吐露真相。

為了讓創作忠於真實的你，首先你必須真實。你的筆記本不是 Instagram。呈現你所有光榮的不完美吧。有疑問，就別掩藏。承認它們，把你的想法拿到光下檢視。讓這些想法出來透氣，也就確保了它們不會在裡頭活活啃噬你。

自由書寫的同時，你也為你的想法留下歷史紀錄。久而久之，點連成線，趨向也會浮現。某個反覆出現的負面想法。某個不斷呈現的課題。某一本嘮嘮叨叨要你寫出來的書

（你在讀的就是當初嘮叨我的書）。這些想法要是零零落落且沒有記錄下來，你可能會忽略它們，但一旦重複出現，它們會顯現出模式，變得想無視都難。

靈感也許不會在自由書寫的當下出現。但只要你架開天線，開始透過自我對話思考一個問題，埋藏在你潛意識裡的靈光就會開始不定時冒出來——就像變魔術一樣。

拖延的力量

我要自首：我是個拖延大師。

我的意思不是該寫書的時候不寫書，老是在整理書桌的那種拖延，雖然我比較年輕、脆弱的那些年常做這種事。

我把拖延當成一種戰術，用來催生突破性進展，不管我忙的是什麼事。[115] 原理是這樣的。執行一個新目標時，剛開始做得愈快愈好。比如寫書，任何已經在我腦中且可能相關的想法和例子，我會馬上記下來。但種下種子後，我會走開靜待一段時間，看看開出怎樣的花。我不會早在事前就計畫好一切，以免我的思考僵化，關閉了其他可能的創意。

這種等待可能看似被動，其實不然。當我展開一項計畫，初始關注一陣子後刻意暫停，我其實啟動了腦中的思想工廠。就算我在等待，計畫也仍活躍在我的潛意識裡，在背景默默運轉，醞釀見解。想法在此過程中逐漸成熟，變得更豐厚，串接起新的關聯，像葡萄酒在木桶裡陳年。我從淺水走進深水，如同大衛．林區說的，大魚在這裡泅游。

維持關注太久，你的思考會停滯。所以集中心力一段時間後，放鬆狀態一陣子，放任你的思緒遊蕩。別轉向社群媒體或電子郵件，這些給不了你需要的休息。不如遠望窗外、沖個澡、聽聽音樂，或者冥想。

我高中時代的足球教練常說一句話，我很喜歡：*沒持球，請跑位*。球不在你腳下的時候，要在球場上移動，到你有空間接球的位置。相同原則也適用於靈感。靈感不在你這裡的時候，移動身體到不同地方，鼓勵靈感流動。我發現走出我平常寫作的房間，到我家裡其他空間，光是這樣就很有用。彷彿房間連結著同一套舊的思考模式，地點的轉換帶來觀點的轉換，創造出我能投射新想法的空間。

走路也很有幫助。研究顯示動作和認知由同一個腦區控制，走路可以提升創意。[116]史丹佛大學的研究人員有一篇研究，標題很巧妙地叫作〈給你的靈感一雙腿〉（*Give Your Ideas Some Legs*），研究中將受試者分成兩組，分別進行創意測驗。其中一組在測驗前坐著不動一小時，另一組則在跑步機上慢走。平均來看，走路使創意得分提高六成。[117]

昆汀．塔倫提諾常用的拖延法，是在泳池裡漂浮。每當編寫電影劇本的時候，他會在白天寫上幾個小時，然後躺進他的溫水泳池裡。塔倫提諾說：「我就只是漂在溫水裡，回想我剛才寫下的東西，哪裡還能怎麼改善，這一幕結束前還能發生什麼事。」[118] 接著他才爬出泳池，把漂浮時想到的見解記下來。而這些見解就成為他第二天寫作時的功課。

若是我的戰術拖延流程，我會定期回到計畫上，重溫主要的主題和想法，藉此保持思緒暢通。我也會有意識地挖掘想法，尋找新的奇思妙想，一想到就立刻寫下來。像塔倫提諾的筆記一樣，這些妙想為我下一次的寫作提供了創作素材。我不會再瞪著空白頁面，不知道從何寫起。泳池的水不會再是冷冰冰的，而是經過靈感加溫，邀請我跳進池裡。

開始一項計畫後刻意暫時離開，這麼做還會發生一件事。我會變成一塊能吸引靈感的磁鐵，開始在閱讀的、觀看的、觀察的一切當中注意到相關見解。看似隨機的事件、故事，乃至於歌詞，全都會化成我能使用的靈感。但如果沒先開始這項計畫，我不會注意到這些珍貴材料之間的關聯性。

這是一種有意為之的拖延，而非衝動使然。這個方法是先走開好讓計畫成長，而不是逃避它。意思是，你還是必須回到書桌前把計畫完成。

集中然後放鬆，漂浮然後寫作——慢慢的，這個節奏會累積出一些剛開始看似做不到的結果。

小東西幾經重複，也會變成大東西。

鬆懈你的理智

卡爾・薩根是科學理性之聲。但他的創意發想過程，卻絲毫稱不上理性。他有個在夜裡放任思緒奔馳的習慣，且通常有大麻相助。[119] 他會抽上一根，開始和自己對話，同時用錄音機把想法錄下來，免得忘記自己說過的話。到了早上他會聽錄音帶，持比較懷疑的觀點檢視自己瘋狂的點子。

薩根這種做法很像化身博士，有一種雙重人格的況味。他嘮嘮叨叨的「夜間」自我必須說服充滿懷疑的「日間」自我，證明他不是個瘋子。所以夜晚的薩根會特意錄些話給早晨的薩根，驅散他的懷疑。比方說，他會背誦很難記住的事例，展現只有高智商才有的記憶力，結果這些事例大抵都是正確的。

假如這個方法失敗了，薩根會退而求其次，改用恫嚇的手段。在特別令人印象深刻的一卷錄音裡，夜晚的薩根痛責早晨的薩根對他的想法太挑剔了。他對著錄音機大罵未來的自己：「仔細聽好了，你這個早上的王八蛋！這東西是真的！」

你不需要使用管制物質來仿效薩根的做法激發創意。關鍵在於把想法生成階段與評估階段區分開來，好比區分夜晚的你和早晨的你。在想法生成階段，你必須保護想法不受（呃，對），不受你自己傷害。

能產生重大影響的想法，起初看上去都是不合理的。要是合理，別人早就想到了。所謂不合理，意思往往是合理只是尚未實現。不合理往往代表沒試過或不熟悉。不合理表示這個想法偏離你預期的合理基準。但很多時候，錯置的並不是你這個想法，而是你的基準。

你內心的批評聲要是不被約束，會掐熄所有看似不合理的創見，碾碎所有還在孵育的寶貴想法。而產生一個新的點子，可比消音一個不合理的想法困難太多了。

此種做法是有研究支持的。在研究中，研究員利用功能性磁振造影（fMRI）追蹤六名音樂家演奏爵士樂時的腦活動。[120] 發現音樂家在即興演奏時，也就是創造新的樂音，而非演奏舊有音樂時，評估和自我審查相關的腦區活動下降。研究員之一的查爾斯・林姆（Charles Limb）表示：「抑制自己大腦的能力，也許是一個人優秀的真正特徵。」他本身也是經過訓練的爵士樂手。[121] 林姆的結論與惠特曼數十年前說過的話遙相呼應，惠特曼把自己最有創意的作品歸功於他有能力「任意停止思考，『否決』他的頭腦」。[122]

所以在你發想創意的時候，請你內心的批評家先離開，改而邀請你內在的小孩出來玩。不要審查、評估或批評。所有想法不論多愚蠢或多猖狂，在你的腦中都受到歡迎。目標是不去評判對錯，把它們留在珍奇櫃裡萌芽生長，任由你富有想像力的內在小孩翻玩。

很多人從一開始就會判斷一個想法值不值得放進珍奇櫃，評估它合不合理、實不實際、可不可行，因而早早中止了想法生成。

這就像開車的時候，一邊踩油門又一邊踩住剎車，難怪你動不了，難怪你阻塞不前。你才正要加速，內心的批評聲就大踩剎車，跟你說：這個想法太拙劣了，或你剛才寫的句子一點都不好。亞斯楚·泰勒（Astro Teller）是這麼說的：「拙劣的點子往往是好點子的近親，好點子又與了不起的想法為鄰。」。

內心的批評聲，好比薩根的日間自我，有很重要的作用。在你從生成想法進入評估想法階段的時候，就會用得上。但若你還只是在天馬行空發想的話，先請內心的批評聲坐到後座，坐到踩不到剎車的地方去。

說到底，創意不是強迫靈感出現。不論你有沒有意識到，大魚早已經在你的潛意識深處泅游。

你只需要移開擋住魚兒自然游動的阻礙。

交給你的身體

證明是憑邏輯，但發現是靠直覺。

——亨利·龐加萊，《科學與方法》

咻！砰！沒中。

同樣的循環一再重複。

當時，我在都柏林發表主題演講。附近一座農場提供飛靶射擊體驗，我從來沒玩過，決定試試看。陶靶咻一聲飛射出去，我會在腦中計算速度和距離，在我認為最理想的一刻扣下扳機。（然後我射偏了。沒・有・一・發打中。）

連續十發子彈落空後，教練看我可憐，走過來湊近我給了些建議，從那之後我一直思索著他的話。

「你想多了。」他說。

「我不知道還能怎麼想。」我回答。

「交給你的身體。」他說。「思考會妨礙你。」

我說：「我明白了。」但其實我一點也不明白。

「你的身體知道怎麼做。」他重申一遍。「在你**感覺**對的那瞬間扣扳機——不是你**認為**對的瞬間。」

我決定聽從他的建議試試看。我關閉過度計算的腦袋裡嘰喳嘮叨的話音。陶靶飛出去以後，我氣沉丹田，在身體示意就是現在的瞬間扣下扳機。

正中靶心。

這對我來說是全新的運作方式。二十多年來，我以自己精明的頭腦為傲。腦子是我活到現在最重要的器官。身體別無用處，只負責載運我的頭腦移動，消化營養提供燃料給頭腦去做它最擅長的事——思考。

教練的建議把我從這種行為習慣裡搖醒。那一天離開農場以後，我想了想人生中有多少次，我的身體其實知道怎麼做是對的，但我的頭腦從中阻撓，把我引向錯的方向。

我想起有一次，我的直覺明明大喊：這個人感覺靠不住——不要和他做生意！但我用計算優缺點蓋過了直覺。最後果然來往得很不愉快。

我記得有一次，我心底明知道這個應徵者不是合適人選，卻還是雇用了這個人，因為履歷上的學經歷很出色。最後這一段人際關係令人頭疼。

又有一次，我明知道應該和女友分手，卻還是繼續維持關係，認定自己有辦法修補問題。最後只是歹戲拖棚。

你大概也有過類似經驗。你**直覺**知道怎麼做是對的，或**從心底**認定某件事是錯的，只是無法用道理說明。飛行員稱這種感覺叫「leemers」，意思是「隱約感覺不太對勁，哪怕不清楚原因」。[123] 他們受過專業訓練，會特別留意這種感覺，而不會忽略不管。

身體是這樣的，從演化觀點來看，身體很古老，可以上溯到數百萬年前，但你的大腦相對年輕很多。[124] 大腦的運作很了不起，但經驗比較有限。你的身體則容納了所有只待發掘的古老智慧。

但我們蓋過身體的智慧，不斷把注意力從身體轉向其他事物，轉向試算表格、手機通知、電子郵件。我們與身體疏離到就算它大聲尖叫，我們也聽不見。近來有所謂「電郵窒息」（email apnea）的症狀，回覆郵件或發送訊息時，會不自覺屏住呼吸的習慣愈來愈常見。

留意身體不代表要忽略頭腦，而是把思考當作一種全身活動，不只限於運用頭腦。留意身體，意思是仔細觀察身體發出的訊號——心情感受、感官知覺，還有來自你內心深處的直覺。

如果你的生活中老是無法瞄準目標，很可能是頭腦在妨礙你。調整思考至與身體一致，等著看下一等級的魔法奏效吧。

智者不獨行

一六六五年，淋巴腺鼠疫侵襲英格蘭，避居鄉間的眾人之中有一位年輕學者，名叫艾薩克·牛頓。牛頓在這段隱居期間，將會發明微積分、整理出引力定理、發現運動定律。說個不那麼光彩的事蹟，他為了搞懂透鏡的原理，還會拿針戳進自己的眼球。[125]

牛頓的故事在 Covid-19 疫情期間被用來證明隔離的力量，在網路上瘋傳。故事傳達的訊息很明白：如果牛頓能在疫病期間改變世界，你能不能至少考慮換掉睡衣做點別的事，不要只是拚命滑手機？

但實情其實比網路上流傳的故事複雜得多。沒錯，牛頓在隔離期間是寫出引力定理，但因為去不了圖書館，公式裡有一個常數他搞錯了。他因此總結這個理論說不通，就這樣把筆記束之高閣，幾年後才又挖出來給一個朋友看，是朋友看出了錯誤。兩人合力加上圖書館能去了，這才修正了數學公式，完整了這個定理。兩雙眼睛能看見更詳確的世界。

我們的社會過分崇拜特立獨行的天才，推崇英雄的個人成長。建國元勛漢彌爾頓、牛頓、賈伯斯、馬斯克。大眾文化裡，總會有一個超級巨星被推到最前列——通常是男性。我們於是相信，他們全靠自己破解了難題，再把聰明的答案送給大多不知感恩的世人。他們的成就因此變得像百老匯音樂劇《漢彌爾頓》的門票：絕大多數人可望而不可及。儘管有無數的人與之合作，才讓他們得以實現成就，但這些人不曾獲得認可，在天才獨來獨往的故事，或更該說是迷思裡，沒有出場空間。

最好的創意不會在完全與外隔離之下發生。就算你聰明不下牛頓，仍然有件事你做不到，就是看見你看不到的東西——那些隱藏在盲點之下的事物。往往需要有其他人，以不同的生活經驗和觀點，才能看出你遺漏的可能性，指出你在習慣下犯的錯。從文藝復興時期的義大利，到帕羅奧多研究中心，再到字母控股公司研發奇想的實驗室X，是因為有豐富多元的個性與才能齊聚一地，這才擦出火花，燒掉過時想法，造就突破。

別人並不住在我們自築的囚牢裡，所以能看出限制我們思考的鐵欄。少了我們自身的成見和設想，我們內心的哈哈鏡，對事實的扭曲，他人因此能幫助我們更清楚看見自己，揭露我們內在的智慧。

籌組你自己的智囊團。找到與你志同道合的人，他們的價值觀與你雷同，但想法不見得一樣。決定誰能進入我的內圈以前，我會問這些問題：這個人開誠布公嗎？他們喜歡潛入深水捕捉大魚嗎，還是寧可待在淺水區說閒話？他們是否願意聽我說話，而不會評判我或羞辱我？他們會不會誠實分享建議，希望能幫助我改進？

你的智囊團會是你的鏡子。你最好的想法會在為團體裡的人解決問題時浮現。為他人設想會連帶解鎖你心中的想法。你給予他人的建議，往往也會是你自己需要聽隨的建議。這種照鏡子般的效果，也是為什麼匿名戒酒會要替新成員指派輔導員，因為這個制度能同時幫助新成員和輔導員。

除了借團體之力來澄清思考，你還可以試試以下這些思想實驗。想像面前有一張空椅子，邀請九十歲的你坐下來，細細想像自己的樣子——蒼蒼白髮、雙手佈滿皺紋，多了數十年的智慧。問問這個年邁的你：你對我有什麼建議？你在這個情況下會怎麼做？或者也可以想像你最好的朋友正為你現在遇到的問題發愁。問問你自己：我會給朋友什麼建議？然後採納你自己的建議。

這些思想實驗能幫助你跳脫自己的成見，但取代不了與真人真實互動。文藝復興時期傑出的藝術家都要前往佛羅倫斯是有原因的。牛頓需要朋友貢獻想法才能完成理論也是有原因的。牛頓寫下這句名言：「我若看得更遠，是因為站在巨人的肩膀上。」[126]

找到或創造你自己的佛羅倫斯——你周圍一群所見「不同」的英雄，幫助你在深水中泅游時看見大魚在哪裡。

英雄所見不同

想像一間法庭。[127] 裡面坐著檢察官、陪審團，與一位法官。案情雖有合理疑點，但檢察官端出有力證據，用毫無破綻的論述指出嫌疑人犯下了罪行。被告沒有律師，甚至不被允許答辯。他默默坐著，任檢方還原他有罪的事發經過。陪審團認同檢察官的論述，一致投票判定嫌疑人有罪。

這個場景在多數民主體制中是違憲的，被告按常理有權利提出答辯。但這樣的場景卻經常在世界各地的團體內發生。多數情況下，想法提出以後，只有一個團隊為提案的其中一面辯護：「我們應該繼續這個行銷策略。」、「我們應該開辦這個新服務。」、「我們應該收購這家前景看好的新創公司。」

團隊事先做過研究，數據資料看上去很有說服力，PowerPoint 簡報也精美無比，決策 A 一定能導向結果 B。在場沒有其他人提出不同觀點，也沒有人淌渾水對細節和未知環節發問。就算團隊裡有辯方律師，往往也被迫要在誠實和忠心之間選邊站，戴上檢察官帽子佯裝中立，說的卻是其他人想聽的話。

確認偏誤表面看來往往像是收集科學數據。但我們不是在找出能駁斥假設的證據，反而是在博取支持。我們收集只對我們這一方有利的證據，為了勝訴竄改事實、操縱審判——而且往往沒有自覺。

很矛盾的是，人愈是聰明，這種傾向可能愈嚴重。因為聰明人也比較擅長尋找支持自己立場的證據和論述。理查・費曼提醒我們：「第一原則是不要欺騙自己，最容易受騙的人也是你自己。」

Netflix 公司決定在二〇一一年推行後來很快夭折的 Qwikster 服務（DVD 郵購服務）時，發現自己就陷於上述處境。Netflix 總裁瑞德・哈斯汀說，那是「Netflix 史上最大的錯誤」。[128] 新服務發表之前，Netflix 提供的是結合串流和 DVD 郵購的單一服務。哈斯汀看出趨勢，DVD 很快會遭時代淘汰，於是決定把 Netflix 的 DVD 業務拆成另一間公司 Qwikster。這個計畫能讓 Netflix 專心在串流方面打造未來，不必擔心被過去拖累。

未料消息一出，引起企業史上最大的消費者反彈。哈斯汀寫道：「我們的新模式不只比較昂貴，還將以前消費者管理一個就夠了的網站與訂閱，變成兩個網站、兩種訂閱。」Netflix 因此失去數百萬名訂閱者，股值下跌超過七十五個百分點。哈斯汀顏面掃地。他形容上市 Qwikster 的決定是「我事業生涯的谷底」。[129] 就連《週六夜現場》節目中都演了一段短劇嘲諷他。

造成如此窘境的原因，有部份在於 Netflix 內部雖然口口聲聲強調開誠布公很重要，但異議不見得次次受歡迎。Qwikster 上市一事，辯方律師明顯缺席，即使對這個構想有重大疑慮，他們也沉默沒說。Netflix 一名副總經理對哈絲汀說：「你只要認定一件事就會很固執……我覺得你不會聽我說。我本來應該躺上鐵軌大聲死諫，說出我覺得這件事會失敗，但我沒說。」[130]

經此失敗，Netflix 決定採行新的文化，主動培養不同意見。如今企業內部設有多種制度，確保在重大決策前，不同意見有機會被發掘、有機會說出來。比方說，Netflix 員工如果有意提案，通常會發出電子表格請同事就提案企劃從 -10 到 +10 給分，並給予意見。這不是民主投票，而是易於收集意見回饋、評估反對意見強度、開啟坦率對話的方法。「默默反對才是不忠誠。」經過反省後的哈斯汀這樣說。[131]

電影導演麥克・尼可斯（Mike Nichols）也持類似態

度。與他合作過多部電影的名演員梅莉・史翠普，說尼可斯願意採納片場任何人的想法。「他不會因為別人提出看法就覺得受到威脅，可是很多、很多導演會——你只要說了什麼，就會看到他們擺出防備姿態。尼可斯會主動設法挖掘不同意見，他會問：『鯨魚擱淺在哪裡？』意思是這一幕戲有哪裡不對勁，哪裡餿臭到整個空間都聞得到，但沒人敢說？」[132]

全是相同的聲音，只會形成回聲室。從想法完全相同的人身上，你學不到任何東西。但我們習慣讓身旁圍繞自己智識上的複製人，與想法和我們相同的人交朋友，雇用成長途徑一路走來和我們相同的人。這就像是拿兩面鏡子互相映照，照出無限個彼此。

智識上的摩擦不應該迴避。只要是基於善意，希望改善結果而提出的意見，就算是異議也應該採納。如果每個人能自主自由思考——也可以自由指出屋裡擱淺的鯨魚，你就不太會造出回聲室。對立的看法就算後來證明是錯，也能減少過度自信，為一面倒的對話添加細微差異。

做任何重大決定前，問問自己：另一方現在有辯護律師嗎？如果有，開庭聽聽他們的異議。如果沒有，主動去找一個（誰可能不認同我？）。如果你周圍全是同意你的人，要把這當作警訊。這代表他們沒有對你誠實，或者沒有反省思考。最重要的是，停止尋求認可，開始養成不同意見。

07

釋放遊戲的力量

我們不是因為長大變老而停止玩耍；

我們是在不再玩耍的一刻長大變老。

——無名氏

刻意練習有個問題

彼得厭倦彈電吉他了。[133] 他的樂團十年來到處巡演。他們來自南方一處小型大學城，是很不錯的獨立樂團，但一直沒能打入主流市場。他們陷入一成不變的狀態，包括彼得也是。每天八小時，他一直用同一把樂器彈著相同的旋律。

某一天心血來潮，他把電吉他賣了，換了一把原聲曼陀林琴，這是他從來沒摸過的樂器。彈曼陀林琴逼他改用以前在吉他上不會用的和弦。他建立一個音樂的沙盒遊戲[134]，實驗新的音階，嘗試新的和弦，創作新的疊奏，這全都基於孩子般好奇玩耍的心態。

其他團員也加入他的沙盒探索。貝斯手改玩鍵盤，鼓手揹起了貝斯。以往圍繞政治主題創作歌詞的主唱，也開始摸索其他主題。

用曼陀林琴彈出的一段疊奏撩動了彼得的心弦。他在一次練團時彈出來，其他團員聽了都很喜歡。鼓手和貝斯手加入遊戲，為曼陀林琴的原聲旋律添加上更多律動。

最後上場的玩家是主唱麥可。團員彈奏新旋律的同時，他拿起錄音機，繞著練團室沉思踱步起來，歌詞從口中緩緩湧現。

噢，生活，重要多了。

比你更重要。

而你不是我。

即興唱出歌詞的麥可，腦中並沒有預想的結果。他來練團前並未想說：*我今天要寫出這首歌*。這對他來說是好兆頭。麥可後來表示：「歌詞就這樣發自內心湧現。」[135]

在這個遊戲的環境裡誕生的一首歌，成為大受歡迎的巨作。主打這首歌的專輯登上排行榜冠軍，銷售破一千八百萬張，為樂團贏得三座葛萊美獎。

這首歌，你可能已經猜到了，就是 R.E.M 的〈徬徨無助〉（*Losing My Religion*）。

這個創作故事的奧妙之處，就在於樂團把遊戲融入練習的能力。你可能聽過刻意練習這個詞。目標是以一種刻意為之的方式去練習一項技能，即刻看到結果，修正不夠好的地方，如此反覆慢慢進步。

刻意練習非常適合用來磨練可用同一方式重複演示的單一技能。比如微調高爾夫球揮桿、用吉他彈出準確的音、西洋棋下出好的開局。你需要重複揮那一桿、彈同一段旋律、練習相同的開局，直到你能做對。

俗話說得好，熟能生巧。可是這也是問題所在。

經由反覆練習，我們把一種做法精進到完美。我們用電吉他彈奏同一種曲風，推行同一種行銷策略。只探索人們走過很多遍的路，迴避不知道玩法的遊戲。結果就是愈走愈停滯不前。無法適應宇宙投來的變化球，或是無法發現新的契機。

有一篇研究，研究者分析過往所有探討刻意練習與人執行表現之關聯的文獻。[136]刻意練習可說明百分之二十一的音樂表現、百分之十八的運動表現，但在銷售和電腦程式等職業上，數字降至不到百分之一。

後兩種職業和其他許多職業一樣，包含經常變化的賽局。每當我們以為熟諳遊戲規則了——每當我們以為所有問題都釐清了，忽然規則、賽場、棋子又全都變了。但我們仍陷於原地，用昨天的規則玩昨天的遊戲，儘管周圍的世界不斷改變，甚至**我們自己**也一直在變。

練習只有兩種結果：你要不做對，要不做錯。但遊戲沒有對錯，過程遠比結果更重要。我們滑雪不是為了用最快速度滑到坡底，只是為了想滑雪。我們拿起曼陀林琴，不是為了寫出下一首破榜金曲，只是為了把玩樂器。我們和狗狗玩拋接球，不是為了贏得拋接球比賽，而是單純為了玩。玩就是遊戲本身的獎勵。

練習可以磨礪一項技能，但遊戲可以豐富你的技能。不像旅行有一個既定目的地，遊戲是漂流進未知之境，沒有劇本或說明書，內心的風吹向哪裡，你就走往哪裡去，放鬆心態自由流動。

練習如果是表演，遊戲就是即興演出。遊戲的時候，你把意識交由潛意識掌管，探索謹慎的你平常會避免的道路。暫時把日常約束你的限制和規則擱到一旁，稍微跳脫走久了的神經線路，創造之前不存在的新的連結。

透過遊戲中斷模式，也可以讓固有模式現形。放下吉他拿起曼陀林琴的那一刻，你就等於為固有習慣帶來變化，等於在虛擬實境中製造一個閃頻故障，暴露出這個實境的虛幻——幫助你跳出既定的生存方式。

遊戲也容許你擺脫內心的自我批評，讓你能做自己。這也是為什麼節假日聚在一起玩桌遊的時候，平常家裡寡言的長輩，忽然之間都變得豪放外向，開懷大笑。遊戲允許你大聲唱歌、跳舞、哼小曲、即興發揮、畫畫——平日的你會覺得完全沒道理或尷尬丟臉的行為。

想解放完整的潛能，往往需要放開長久以來的練習，而不是加強練習。

需要培養開放，而不是專注。

需要豐富你做的事、讀的書、聊天的對象。

需要玩耍，而不是生搬硬套的應用。

☆ 只用功，不玩耍

亨利·福特在自傳裡寫道：「工作的時候就該好好工作。工作做完可以去玩，但沒做完不行。」[137] 福特汽車公司謹遵這條原則，一九三〇到四〇年代，在工作的時候笑，被當作不守規矩的表現，必須受到懲戒。[138]

不光是福特公司，這個觀念主導了工業時代。工作與遊戲分家，根源於玩不利於生意的觀念。玩會耽誤生產，會讓生產線上的工人分心，拖慢效率。

現在我們不會處罰開會的時候開玩笑的人了。但在職場上，遊戲仍然蒙受巨大的污名。工作期間一刻也不得浪費，一件事如果沒有明顯的用途，如果沒寫在說明書上，我們就認為它不該出現。「該工作時盡力工作，該玩時盡情玩」的心態也強化福特時代的觀念，暗示工作和玩耍的時空應該分開。

遊戲不是逃避工作，也不是辛勤工作後的回報。遊戲是一種更理想的工作方式。作家傑克斯（L. P. Jacks）寫道：「精通生活藝術的大師，不會嚴格劃分工作和玩樂、勞動和消遣、頭腦和身體、學習和休閒。他幾乎分不清哪個是哪個，他只是在他做的每一件事上面追求心目中理想的樣貌，是工作是玩樂隨他人去判斷。對他自己來說，他好像一直都在做這兩件事。」[139]

在《清單革命》（*The Checklist Manifesto*）一書，外科醫師作者葛文德（Atul Gawande）寫到利用清單的重要性，清單能引導專家一步步通過複雜的程序。[140]清單能確保外科手術正確執行、飛機做好起降準備、高樓蓋得安全。

每一次都必須按部就班、依照順序再現相同的一套動作時，清單很重要。清單可以確保不遺漏任何一個步驟，或在當前的壓力下犯錯。

但若你的目標不是最佳執行，而是最佳創造呢？如果，你不是要設法重現過去做過的事，而是要構想未來呢？這種時候，用來回顧、用來記錄事情**應該**怎麼做的清單就不適用了。反過來，你需要一份前瞻的清單，開啟事情**可能可以**怎麼做的可能性。

缺少玩心的員工，是只能模仿的員工。想像力不是汽車零件，沒有「七個步驟」你照著做就能產出創意。處於自動駕駛模式裡，受既定的規則和邊界限制，你不可能產生新點子。埋頭刻苦操勞，重複執行同一套例行公事，你不會看見周圍潛在的可能。對自己做的事不覺得樂在其中，你不可能登上這個行業的最高層級。

只懂用功不懂玩耍，聰明孩子真的會變傻。

研究顯示，樂趣是創意的催化劑。[141] 受試者看完五分鐘的歡樂短片後，能說出更多原創的字詞組合，結合看似不相關的概念。[142] 另一項研究中，看過相同的歡樂短片，也驗證可提升受試者解決問題的能力。[143]

研究者說明，「日常小事」也能產生這樣的效益。在工作中融合一點點玩心就能有所不同。會議開始前播一小段搞笑的影片。集思廣益前快速玩個遊戲，也能讓參與者進入遊戲心境。妥善使用幽默，可以緩解辦公空間的緊繃氣氛。

寫作中途休息的時候，我會到後院跳彈簧床，跟我家的狗狗玩拔河。我的內在小孩很喜歡我這樣做。我和他愈同調，我在工作上愈有創意。

發現自己卡住的時候，我會找出我知道作者充滿玩心的書或文章。看他們玩耍，我也會允許自己玩耍。看到有了玩伴，我的內在孩子跟著活了過來。

象徵也很重要。就像心理諮商室茶几上擺一盒面紙，表示當事人可以盡情哭出來，象徵可以提醒人們釋放玩心。皮克斯的動畫師在木屋裡工作。[144] 丹・布朗（Dan Brown）小說中的主角羅伯特・蘭登，手腕上戴著米老鼠手表，孩子氣的裝扮常常引來他人異樣眼光，但米老鼠手表提醒蘭登保有玩心。我的書桌上擺著《回到未來》（*Back to the Future*）的人物公仔，這部電影始終是我的最愛。馬蒂、博士、愛因斯坦小小的人偶提醒我在工作上要不忘玩耍。

你可能在想：我的工作很複雜、很嚴肅、很一板一眼，不適合遊玩。

再重新想一想。

航太工程這門行業夠嚴肅了吧。一個步驟做錯，一個計算錯誤，就可能釀成重災。這也是為什麼太空飛行員玩得比其他任何職業都多。一名太空飛行員坐進火箭頂艙的時候，已經通過多年訓練，在模擬器裡玩過上千種故障失敗的場景。

這些模擬器並不只是刻意練習，並不只是訓練太空人在外太空遭遇問題時遵循相同程序處理。外太空是一個滿載未知的環境。很多情況下，宇宙扔來的是他們根本沒見過的變化球。

模擬訓練的目的是要讓太空人習慣在未知狀態下玩耍。太空飛行員梅根・麥克阿瑟（Megan McArthur）解釋，訓練是為了要「培養你」，讓你「向自己證明即使發生了真的很可怕的事，你也有能力應對」。[145] 目的是要讓太空人更有心理韌性，不論在外太空無情的環境中遇到什麼問題都能處理。

所以並不是只有風險小的時候才能玩耍，而是風險大的時候，你更**不能不**玩耍。

這不代表經營的企業要來者不拒，也不是說為了玩，可以不顧工作。目標是自己有意識知道何時能切換成遊玩、何時應該切換回來。遊戲對我們產出新點子和探索不同看法最有幫助。但到了執行的時候，嚴肅一點是合理的。

R. E. M 對〈徬徨無助〉這首歌就是這麼做的。樂團成員各自用新樂器創作出詞曲，但到了執行，也就是錄製歌曲的時候，他們便換回用原本擅長的樂器。[146]

看你的了。開始彈撥自己人生的琴弦以後，你能怎麼把更多遊戲融入工作當中？哪些遊戲能登上你的遊戲清單，催生新的洞見？接下來幾個段落，我會給你幾個點子幫助你起步。

跟隨好奇心的腳印

物理學家費曼在妻子過世後陷入重度憂鬱。他發現自己無法專心於研究解題，於是他告訴自己，他不如**玩**物理吧。不為了立即實質見到結果，單純只為了玩。[147]

有一天，當時他在康乃爾大學教書，正在學生餐廳用餐時，注意到有人在「胡鬧」，把盤子往空中拋。費曼說：「盤子飛上空中時，我看見盤子左右搖擺，接著注意到盤子上紅色的康乃爾校徽在旋轉。我看著很明顯，校徽旋轉的速度比盤子搖擺的速度快。」

純粹出於好玩，他決定計算盤子旋轉的運動，然後和同事漢斯・貝特（Hans Bethe）分享了他的發現，貝特是得過諾貝爾獎的核子物理學家。

貝特問：「費曼，這是很有趣，但有什麼重要嗎？你為什麼要計算這個？」

費曼回答：「哈！也沒什麼重要的啦，我只是覺得好玩。」費曼沒有因為貝特的反應而動搖，還是繼續解盤子搖擺的算式。

結果，這件事讓他思考起電子軌道在相對論下是怎麼搖擺的。

而這，又指引他往量子電動力學去鑽研。

而這，讓他在一九六五年獲頒諾貝爾物理獎。

費曼後來說：「我拿到諾貝爾獎，起自於拿那個搖擺的餐盤來殺時間。」他如果為了更有「生產效率」，放棄基於好玩去研究餐盤，可能就不會有那座諾貝爾獎了。

思想出眾的人追求知識不為了顯著的用處，只是因為想探索而探索。他們計算搖擺餐盤的轉速，並不知道這有一天會換來一座諾貝爾獎。他們讀經濟學和地質學教材，並不知道自己的見解會幫助自己思考出演化論，就像達爾文那樣。[148] 他們追隨興趣探索植物，並不知道這會催生出一本長居《紐約時報》暢銷榜的書，就像伊莉莎白・吉伯特

（Elizabeth Gilbert）那樣。[149]

在生活中留點空間，單純為了想做而去做某些事。喜歡法語的發音，那就學一學法語。喜歡自己動手做，那就效法電影裡的黛咪．摩兒，穿上連身工作服拉坏做陶藝。對物理好奇，那就利用週末假日看一看費曼的演講。

一直只做「有產值」的事，你會困在一成不變裡。

想獲得不尋常的洞察和見解，就要跟隨好奇心的腳印走向不熟悉的地方。

設想別人的問題

《我們的辦公室》（*The Office*）是我長年來最喜歡的喜劇節目，劇集播出超過兩百集，這麼長的時間裡，編劇群要保有動力並經常想出好點子很不容易。當編劇群發現自己不可避免靈感枯竭的時候，他們會做一件很不尋常的事。[150]

他們會暫停《我們的辦公室》的寫作，開始去玩——玩別人的劇本。比起絞盡腦汁再擠出一集《我們的辦公室》，他們會著手為《我家也有大明星》（*Entrouge*）編一集未來的劇情，這是描述影星文森．錢司與他一群死黨的喜劇影集。劇情只有一個要求：每一集都必須以錢司贏得奧斯卡最佳男主角獎結尾。

《我們的辦公室》的編劇就以此作為底線開始遊戲，

相當於他們放下電吉他，拿起曼陀林琴。《我家也有大明星》不是他們的孩子——而這正是重點。成果與他們沒有利害關係，所以他們可以拋出各種看似離譜的點子，不用管架構對不對或場景好不好笑。他們可以放鬆心情盡情地玩。

這看起來或許完全是在浪費時間。為什麼要把寶貴時間花在替別人的影集編劇本，何況那一集永遠不會播出？但這種工作方式，或更該說是遊戲方式，當中有個巧思。

沒有風險成本的情況下，為《我家也有大明星》發想劇情，可以點燃編劇群的創意，讓他們進入遊戲的心境，這種心境會再延續回到《我們的辦公室》的工作上。他們可以帶著新能量和新觀點回頭省視自己的影集。某些拼圖片忽然間就對上了。

遊戲能提升創意，部份也因為玩能減少我們對失敗的恐懼。就算你失敗了，就算你編的那一集《我家也有大明星》無聊透頂，也不會有壞事發生。這種安全感可以堵住內心批判的聲音，內心的批判往往會影響想像力發揮。

下一次開行銷會議，剛開始不妨用個十五分鐘，想一想競爭對手的產品可以怎麼宣傳。平常你寫的是如果是紀實作品，寫一部小說的大綱試試看。或者從零開始試一試替你的好朋友規劃職涯。

把這些思想實驗當作運動前的熱身。跳過熱身直接去賽跑或舉重，你的身體不會有最佳表現。同樣概念也適用於創意。投入正事前，先用低風險的遊戲暖身會很有幫助。

你也可以試試英特爾公司前總裁安迪・葛洛夫（Andy Grove）接掌公司時採行的方法。[151] 英特爾當時發展停滯，英特爾原本靠著記憶體晶片製造成為業界霸主，但到了一九八〇年代初，其市場龍頭地位受到挑戰，日本的競爭公司能生產出更精良的記憶體晶片。從一九七八年到一九八八年，日本公司在記憶體晶片市場的市佔率從三成翻倍至六成。

葛洛夫作為總裁，必須做出決定：英特爾是該加倍投資記憶體晶片，建造更多更大的工廠，以求在製造競賽中脫穎而出？還是該中止記憶體晶片業務，轉進製造微處理器？是記憶體晶片讓英特爾有今日光景，所以歷史包袱與公司的身分形象都繫於其上。

一九八五年的某一天，葛洛夫和英特爾執行長高登・摩爾（Gordon Moore）討論到這個困局。葛洛夫沒有拉出白板條列優缺點，反而決定玩個遊戲。他問摩爾：「假如董事會把我們踢出去，請來新的執行長，你想他會怎麼做？」

兩人接著走出辦公間，佯裝是新官上任再走進來。他們面臨的難題此刻成了別人的難題。開玩笑假扮成他人的這一刻，放鬆了自尊心的約束和依循固有觀念行事的習慣，使他們與問題拉開距離，距離則帶來清晰的視野。

他們決定離開記憶體晶片產業，導引英特爾走向製造微處理器，公司最終成為微處理器市場的魁首。

這裡要說的很簡單：想為你的難題找到解答，有時最好的辦法是當成別人的難題去解決。放下《我們的辦公室》去寫《我家也有大明星》，或者放下吉他拿起曼陀林琴。

替辦公室改個名

我家有一個空間，打從搬進來起，我一直稱之為我的「家中辦公室」。取這名字沒什麼好理由，只是因為按照常俗，大家都稱做正事的空間是「辦公室」。但我心底認為，辦公室是靈感的墳場。說到辦公室，只會想到座位隔間、茶水間枯燥的對話、勾心鬥角、喝了一半走味的咖啡、照得人頭痛的日光燈。

換句話說，創造力痛恨辦公室。所以比起叫它辦公室，我後來開始稱之為我的思考實驗室。思考實驗室是創新發想誕生的地方。思考實驗室鼓勵做實驗，鼓勵異想天開的白日夢。我愛我的思考實驗室（而我討厭我的辦公室）。

你可能納悶，名字有什麼嗎？誰在乎一個房間叫什麼名字？命名很重要，比你想的重要得多。這叫作**促發**（priming）。[152] 僅只是接觸一個字詞或一個圖像，也能對你的思考產生有力影響。而命名的重要性遠不只限於你的辦公室。

別再稱之進度報告會議，改個能夠鼓舞與會者投入參與，進而推動事情發展的名字——遠見探討大會、山洞合作會議、想法孵育時間。

別再用資深營運長這個職稱，改叫「為現實世界顯化奇想總長」，這是我朋友歐碧．費頓（Obi Felten）在字母控股奇想實驗室 X 工作的真實職稱。

別再說是待辦清單。我一聽到「待辦清單」就想逃跑得愈遠愈好。改叫它遊戲清單或設計清單，那種你看了高興且會想去做的名字。

別叫職員是員工。員工一詞會強化上治下的官僚體系概念，員工像機械裡的發條，聽從雇主指令做事。不妨效法巴西一間走在創新前沿的罐頭生產公司 Brasilata 的先例。[153] 該公司裡沒有員工，只有發明者，所有職員加入公司都會獲得這個頭銜，簽下「發明合約」。Brasilata 並接著強化命名的作用，積極鼓勵員工——抱歉，是發明者——把工作看成是自己的，提出自己的見解。

想要不凡的結果，就要用不凡的命名。找到能點燃你的想像力、屬於你的用詞，促發你去實踐想做到的事。

因為那是角落的你。

也是聚光燈下的你。

玩著人生這局遊戲。

08

放膽去創造

丹尼爾：我怎麼知道我的圖是對的？

宮城先生：只要發自你內心，永遠是對的。

——電影《小子難纏》（*The Karate Kid*，1994）

寫一篇你自己的故事

史蒂芬・金（Stephen King）的成就，源自兩個祕密：麻疹和漫畫。[154]

六歲的史蒂芬，臥病在家九個月沒去上小學一年級。他的病症首先是麻疹，後來演變成反覆復發的耳咽喉炎。

為了讓心情好轉，他會看漫畫書，甚至是好幾百冊的看。有時候他會一格一格抄寫他看過的漫畫，但不只是抄寫，他還會添加劇情，一邊抄寫，一邊改編故事，加入他自己想到的點子、轉折和支線情節。

小史蒂芬有一次拿這些他半抄半寫的書給媽媽看。她看了很吃驚，問兒子這些故事是他自己寫的嗎。史帝芬說不是，大部份是從別的書上抄來的。

媽媽對他說：「你自己寫一篇呀，史蒂芬。我賭你可以寫得更好。寫一篇你自己的。」

史蒂芬．金回憶說：「我還記得，那個念頭讓我感覺到無限的可能性。就好像我被領進一棟廣大的房子，到處是關上的門，而我獲准可以打開任何一扇我喜歡的門。」他聽取媽媽的建議，自己寫了一篇故事，然後又寫了一篇。又一篇，再一篇。

往後他出版了五十多本書，銷售超過三億五千萬冊。[155]

開啟史蒂芬．金寫作生涯的，是他母親一個看似簡單的洞見：創造比消費更有價值。

我們談起資訊就像在談食物。我們關注怎樣可以**吸收**更多，怎樣可以**消化**更快。我們忙著把外界資訊一口口往自己塞，看不見本已存在於體內的營養。累積於內在的智慧，被無數竄進耳朵鼓膜的高分貝雜音擠了出去。學習變成不創造的藉口。

這個問題早在網路出現前就已經存在。「正如同彈簧久經外物加壓終將失去彈力，心智不斷受他人的思想壓迫亦然。」十九世紀德國哲學家叔本華寫道。據叔本華說，「這是很多學者的通病，他們讀書把自己愈讀愈笨。」[156]

這不是要你什麼書都不必讀，完全無視先人的見解。

但這番話的意思確實是要你接受資訊的不齊全，不用等路途清清楚楚、一覽無遺才去走那條路。永遠還會有另一本你可以先讀過的書、另一個你可以先聽過的 Podcast 節目、另一張你可以先考取的證照、另一堂你可以先上過的課程。先有些認識，不是太多、也不算太少，也是一件好事。

這番話的意思，是在消費和創造之間；在聽取別人的想法和創造自己的想法之間求取平衡。如果你和大眾一樣，則你的分配比例會往消費端大幅傾斜，就算你把固定回覆電子郵件定義成「創造力」也一樣，而且那顯然不叫有創造力。

練習平衡兩邊的比例。你可以像史蒂芬．金一樣，從改編他人創作做起。拿《大亨小傳》（*The Great Gatsby*）的某一頁來改寫。與其抱怨《黑道家族》（*The Soprano*）或《Lost 檔案》（Lost）或你喜歡的影集爛尾，何妨試試看寫個更好的結局。從《白宮風雲》（*The West Wing*）截一段對白出來，嘗試寫得比編劇艾倫．索金（Aaron Sorkin）更伶牙俐齒。

也別就此滿足，繼續前進，像史蒂芬．金一樣，創造一看就能認出是你的美麗事物。不管是你經營的生意、非營利事業，或工作上重新構想現狀的新策略。

電影《火箭人》（*Rocketman*）裡有一場戲，年輕的艾爾頓．強為一個美國樂團彈琴。演出後，艾爾頓問主唱：

「我怎麼樣能當上創作歌手？」主唱回答：「寫幾首歌出來。」[157]

這個建議貌似簡單，卻也深奧。作家奧斯汀．克里昂（Austin Kleon）稱之為「去做那個動詞」。我們往往想成為某個名詞（創作歌手），卻沒去做那個動詞（寫歌）。我們對自己說，我要成為創業家，但卻什麼也沒開創。我們對自己說，我要當小說家，但是一部小說也沒去寫。

關鍵在於忘掉名詞，改成去做那個動詞。

你想當部落客，那就開始每星期寫部落格；你想當單口喜劇演員，那就開始去開放麥克風之夜表演；你想當播客，那就開始錄製 Podcast 節目。

最後提醒一件事：批評他人不是創作。對人指手畫腳很容易。抱怨一番之後納悶事情為什麼沒有奇蹟般改善也很容易。登入 Twitter 跟不認識的人爭論，末了叫對方「努力點吧」（同時偷偷告訴自己要努力）也很容易。

換言之，批評很廉價。創作——才是寶貴的。

像那些舉高手領路的人。

像那些高呼：「我們去那裡吧！」然後披荊斬棘走向未知的人。

像那些自己寫一篇故事的人。

憑我一個人，真的能造就改變嗎？

回到一九四〇年代，有個十四歲男孩，生活在土耳其的小村莊。因為家境貧窮，他當牧童照顧綿羊，來賺錢貼補家用。

男孩聽說鄰村開了一所學校，培育未來的小學教師。他申請通過了，於是他徒步從村子走上五十公里（大約三十英里）去學校註冊，往後他每天都必須走這趟路來回往返。

開學第一週，校護注意到這個男孩的鞋子破得千瘡百孔。在這所學校的學生和老師需要在校園各處勞動，協助建造教室和宿舍，並下田耕種供給學校的糧作，田裡的勞務讓男孩雙腳浸濕，鞋子裡灌滿泥巴。

校護為男孩買了一雙新的平頭釘靴。而這雙靴子改變了他的一生：要是沒有這份禮物，他很可能會放棄上學。男孩畢業後回到村裡，當了小學老師。往後數十年間，他教育過幾千名學生，成為村子裡啟迪人心的榜樣。

我也被他教過。

那個男孩是我的祖父，也是我人生第一位恩師。他開啟我的眼界，讓我看見閱讀和書寫的魔力，並且鼓勵我感受世界的驚奇。當初校護如果沒送他那一雙靴子，祖父可能會從學校中輟，而我的成長也將不會受他影響，但我能走上今天的道路少不了他的影響。

換言之，土耳其的小村莊裡，一隻蝴蝶搧了搧翅膀，創造的漣漪效應往後向外擴散了數十年。我們往往以為自己必須「做大事」才可能留下影響。我們覺得個人的行動不夠，如果沒有「群眾追隨」，如果沒有造就大範圍改變的能力，那還是別多事得好。

濺起的大水花，暢銷書或賣座金曲，足以被他人看得見，於是我們認定看得見的才是重要的。

但小水滴創造的漣漪，能遠遠延展至所見以外的地方。這些漣漪我們經常看不見，於是認定它不存在。送我祖父一雙靴子的那位校護，不會知道她如何影響我的人生、如何影響我祖父後來教過的那幾千名學生的人生。而這個作用又從這裡繼續向外擴及我祖父教過的學生日後遇見及影響的所有人——這些全都源自於一個慷慨善意之舉。

講座上，我常被問及不同版本的這個問題：「我要怎麼讓他人改變？」我的回答？**以身作則體現你想看見的改變，別只是等待他人行動。**那位校護並沒有等待「官方」來協助我祖父，而是自己做了她認為正確的事。

金恩博士曾這樣說：「道德運行的弧線漫長，但終將彎向正義。」但它不會自動轉彎。如果只是等待別人挺身行動，那條弧線不會彎向正義。弧線彎向正義，是因為有人盡一己之力做出貢獻，累積成不凡的義舉。

✩ 你不知道的事能幫助你

莎拉·布雷克利（Sara Blakely）在創立緊身褲品牌 Spanx 之前，靠著挨家挨戶兜售傳真機營生。[158] 她住在佛羅里達州，天氣熱得能把人烤乾。她被迫穿著的褲襪，樣式過時又不舒適，尤其是腳底的縫邊，會從她的露趾高跟鞋前端突出來。

沮喪之下，她拿出存下的五千美元搬到亞特蘭大，推展起生產無足褲襪的計畫。她從來沒上過商管課，對時尚和零售也沒半點經驗。她去拜訪紡織工廠，推銷她設計的產品，被人大笑請出大門。但她不屈不撓，用那五千美元創辦了 Spanx，並發展成市值上億的品牌。

常有很多人問她：「莎拉，你是怎麼做到的？你的經營策略是什麼？」

她回答：「我從來沒有一套經營策略。」

她對商業營運沒有概念，所以決定簡單就好。她解釋說：「我只著重在三件事：生產、銷售、建立意識。我做出產品，並盡可能賣向多間商店，剩下時間就用來建立新奇感和品牌意識。然後重複這個循環。」[159] 就這樣而已。

布雷克利知道，把所有精力花在發展「對的品牌行銷」或精心規劃的商業策略，很可能會變成華而不實的藉口，讓人不去做基本功。她說：「我看到很多有極佳想法的創業者，因為自己『缺乏經驗』或知識而裹足不前。但你『不知道』的事，很可能就是區隔你與其他所有人的事。」

且容我重複一遍：**你不知道的事，可以讓你與他人有別。**

初學者沒有肌肉記憶。太多知識可能會妨礙想像力發揮，你會把關注焦點放在事情**是怎麼樣子**，而不是事情**可以有什麼樣子**。科技文化雜誌《Wired》的創辦執行編輯凱文．凱利（Kevin Kelly）說：「想像力是人生中無視常識才發揮得好的一項能力。」[160]

菲利普．葛拉斯（Philip Glass），二十世紀影響最深遠的作曲家，也會同意這個說法。他說：「假如你不知道怎麼做，其實正有機會做出新東西。接下來怎麼做你都知道，那也不會出現多有趣的創作。」[161]

世界頂尖的棒球員會緊緊盯住要打的球，不會因為觀眾鼓譟或其他球員的動作而分心。同樣道理也適用於你，你如果不專心於眼前的目標，如果你分心去看同儕在做的事，或者老是忙著回顧自己過去做過的事，很容易看不見真正重要的事。

培養這種心境，不需要你隱退到與世隔絕的修道院，但確實需要你小心接觸新知。知識該帶來的是擴充，而非限制。知識應該照亮蒙昧，而不是遮蔽視野。

要看見球，否則你不可能擊出全壘打。

改變我人生的一篇文章

「這些不是膝蓋想也知道嗎。」我對著自己剛寫下的東西，自我厭惡地搖頭。那是一篇討論事實何以改變不了他人想法的文章。其中的見解對我來說明顯到稀鬆平常。畢竟當過火箭科學家，我大半生都在嘗試說服別人善用客觀、無可辯駁的數據資料。

可是到頭來我發現，這種做法有個大毛病：就是沒有用。一個人拿定主意後，光靠事實往往不足以讓他改變想法。我忍不住想把這整篇文章扔進廢紙簍，但我隔天一早就得發送電子報了，手上也沒有別的材料。我請求內心的評審放行一次，勉為其難按下了發布。

那是二〇一七年。我在網路上寫作還不滿一年，電子信訂閱者只有一千人左右，「瘋傳」這兩個字不曾出現在我的字典裡。我發布那篇文章之後，一連串奇妙的事件迅速相繼發生。開始有人在社群媒體上分享那篇文章。不只是親友或老讀者，而是全然的陌生人，他們不知怎麼看到了那篇文章，而且喜歡到願意分享出去。

下個偉大思想俱樂部（Next Big Idea Club）的前身，Heleo 網站的一位編輯找上我，詢問他們能不能在網站上分享這篇文章。

「真的很有趣，也寫得很好。」那位編輯說。

「我明白了。」我說，其實一點也不明白。

幾天後，我收到我的網站開發工程師傳來訊息。她說：「出怪事了。去看看你的網站數據。」你知道《駭客任務》裡基努・李維驚呼「哇」的那一幕吧？那就是我看了數據以後的反應，張大嘴，歪著頭，看著圖表上曲棍球杆形狀的線條繪出我的網站流量呈指數驟增，多數是從 Heleo 網站刊出的那篇文章連過來的。

我的文章傳開了，很快成為 Heleo 網站上人氣最高的文章，吸引幾萬人來到我的網站瀏覽。我的前一本書《像火箭科學家一樣思考》能大獲成功，這些新讀者全都居功厥偉。

這個故事的寓意？對於你自己的想法來說，你是個很差的裁判。你與你的想法靠得太近了，很難客觀進行衡量。這常常發生在我身上。發布一篇自己覺得聰明絕頂的文章，結果毫無回響。發布一篇我覺得只是陳述平凡事實的文章，結果廣為瘋傳。

奧斯卡金獎編劇威廉・高德曼（William Goldman）說得很好：「沒有人知道任何事。」[162] 電影產業一如人生，誰也不知道什麼會賣座，什麼會砸鍋。也就是說，除非你試過，才可能知道。我可以花好幾天思索一個想法的優缺點，我這個想太多的頭腦很喜歡這樣做——但我也可以放手一試。

所以如果你有了一個念頭，不要囿著。舉手說出來，哪怕你覺得這個想法「膝蓋想也知道」。別忘了我是怎樣差一點點就**沒**分享那篇改變我人生的文章。

對你來說膝蓋想也知道的事，對別人可能是前所未聞的新知。

但它就是在動

母親與新生嬰兒接連死去，且速度快得令人驚恐。這是我稱之為一號診間裡發生的慘況。

一八四〇年代的維也納綜合醫院有兩個產科診間，分別為一號與二號。二號診間的命運則與一號截然不同。雖然兩個診間在同一所醫院，可是二號診間死亡率遠低於一號診間，這件事人盡皆知，因此很多絕望的母親不惜下跪懇求別被送進一號診間。

兩個診間在所有相關方面都一模一樣，只有一處不同。二號診間有產婆在旁協助接生，一號診間則由醫師和醫學生接生。並不是產婆的接生技術更好，因為母親死亡主因往往不是發生於分娩過程，而是分娩後的產褥熱。[163]

汽車當時尚未發明問世，在維也納大城，婦女通常在街頭分娩，再抱著寶寶前往產科病院。與你的直覺相反，在街頭分娩的母親死亡率也比一號診間的產婦低得多。

對於這之間的差別，多數醫生都未加留意，除了一位名叫伊格納茲・塞麥爾維斯（Ignaz Semmelweis）的內科醫師。他是異國來的異邦人，那是一個仇外的時代，然而他是在維也納一所頂尖醫院執業的匈牙利人。

塞麥爾維斯在第一線工作觀察到的模式，令他深感困擾且疑惑。兩個診間死亡率的明顯差異，怎麼才說得通呢？為什麼醫師和醫學生受過教育訓練，但經手死去的病患，卻比隔壁診間由產婆負責的要多？在街頭分娩的產婦，環境比醫院內更不清潔，為什麼存活率卻比去到醫院後高？

他的同事兼好友雅各・科列奇卡（Jakob Kolletschka）之死，提供了一條線索。科列奇卡是法醫學教授，在進行屍檢時，手指不慎被污染的解剖刀劃傷，導致他因感染而送命。塞麥爾維斯回憶道：「我日夜被科列奇卡的死亡縈繞。」他意識到奪走好友的病因，與帶走無數產科病患性命的很可能是同一個病因。

點逐漸連成線，令人煩惱的答案終於浮現。是救治病患的同一雙手把病菌也傳播給了病人。不同於二號診間的產婆，一號診間的醫師和醫學生固定要解剖屍體。他們在停屍間解剖完屍體，就直接進到產科病房接生嬰兒，中間並不會仔細洗手。塞麥爾維斯懷疑他們從屍體上夾帶的污染微粒因此感染了產科病患。

這個懷疑現今看來可能理所當然，但在當時卻是個狂想。那時候還沒有巴斯德（Louis Pasteur）奠立細菌學說，人們還不相信微生物能傳播疾病。

為了檢驗他的理論，塞麥爾維斯設計了一個實驗。他請醫師在屍檢作業後、替病患看診前，先用含氯石灰粉洗手。實驗奏效了。死亡率緩和下來，而且是顯著下降。僅僅不到幾個月，一號診間的死亡率從超過百分之十八降至低於百分之二。

塞麥爾維斯很震驚，部份是因為自責。他寫道：「我也做過屍檢，次數多到只有幾位產科醫生可比。天曉得有多少病患因為我而猝然步入墳墓。」他繼續說：「不論這樣的反省有多沉痛，都無法補救。若要中止不幸繼續發生，就必須讓所有相關人士認知到事實真相。」

塞麥爾維斯尋找解方的奮鬥，變成一場讓人聽見的戰鬥，很可惜地是，他很快便敗下陣來。他提出的方法就是呼籲醫師洗手，即便佐證歷歷在目，但維也納醫界死板的體系駁斥了這個簡單的方法。許多醫師氣憤認為他在指控他們不注重個人衛生才導致死亡。他們認為，紳士的雙手是不可能傳播病疫的。

現在站在塞麥爾維斯的立場想一想。你發現了這個極其簡單卻影響重大的見解，只要洗手就能挽救生命，但卻沒有人願意聽你說。唯恐這個答案會隨著你去世而消失於世，所以你奔走疾呼，就像塞麥爾維斯一樣，喊得愈來愈用力，寫下一封又一封信，最終卻只是因此被趕出醫院。

塞麥爾維斯心中，每一個原可預防的死亡都像是殺害了一個人。[164] 所有他拯救不了的生命，都縈繞在他心頭，他最終因此精神衰弱，被人送進精神病院，他在那裡遭到守衛毒打，兩星期後傷口感染身亡。

塞麥爾維斯死後幾年，洗手是預防病菌傳染的措施才逐漸廣為世人接受。他的理念拯救了無數生命，說不定也包含你我的生命。如今他被譽為「母親的救主」。

今日，塞麥爾維斯反射（Semmelweis reflex）指的是對於某個打破現狀的概念直覺產生抗拒。對這種陳述表現可能有很多種，但敘述的卻是一樣的事。你踏出第一步、走了條新的路，怎麼想是他們的事，但你收到了反應：盡是駁斥和反彈。

你或許不會落得被送進精神病院的下場，但當你挑戰常俗觀念，常俗會推諉過錯給你。當你脫離群眾，群眾會針對你。得利於現狀的人會抗拒，而且是頑強抵抗。

你創造了有意義的事物，某處卻總有某人，會想盡辦法讓你覺得自己不對。

哥白尼（Nicolaus Copernicus）發現是地球繞行太陽，而非太陽繞地球轉，這個想法被禁了近一世紀。支持該見解的書籍也被禁，最有名的是伽利略因為贊同日心說被送上審判庭。[165] 羅馬宗教裁判所宣判伽利略的想法是：「愚蠢且荒謬的思想，且當屬異端，明顯與《聖經》意旨多處相左。」[166]他被迫公開撤銷學說，並被判處軟禁，人生最後九年只能在自宅度過。

史蒂芬・金發覺自己定期會收到嚴厲批評。他寫道：「我沒有哪一個星期，不會收到至少一封義憤填膺的信（多數時候不只一封），罵我污言穢語、偏執、恐同、兇殘、輕浮，或根本是心理變態。」[167]

《草葉集》是美國詩壇最具影響力和原創性的一部作品，但華特・惠特曼出版這部詩集時，收到各種刻薄挖苦的評論。其中特別生動的一則評論這樣寫著：「難以想像怎麼有人的幻想能構思出這麼多愚蠢的髒東西，只能說他肯定是被一頭多愁善感、為愛失魂落魄而死的驢子靈魂附身。」此人接著稱這本詩集是「一坨污泥……毫無智性可言。」[168]還有人把惠特曼比作「豬」，說他拱著鼻子「在放蕩思想的腐爛渣滓之間」翻挖。[169]

只有一個方法可以免受批評：不再做有意義的事業。

害怕批評是夢想的殺手。它阻止我們開始去做，讓我們不敢進行有難度的計畫、不敢在會議上舉手說出不同意見，由此扼殺夢想。

別誤會我的意思：如果是出於慷慨的善意，希望你做得更好，批評是很有幫助的。慷慨大方的評論者會給予回饋，但不會對你人身攻擊，她的用意是希望你在事情上更進步。這種回饋很寶貴。但吃瓜群眾墨守成規做出的批評，說你沒資格做這件事、你應該回去照規則走，這類型的批評理當無視。

墨守成規的批評，透露的更多是批評者而非創作者的意念。很多人表面上評論你，同時往往也透露了他們心中受自己批判噤聲的某個部份——某個他們為了守規矩融入社會而打壓下去的部份。當他們看到你有望實現那個部份，往往傾向於攻擊而非讚揚。

所以，沒錯，你會受人誤解。他們會攻擊你、羞辱你、抹黑你。遇到這種事，就照伊莉莎白．吉伯特的建議：「只要笑得甜甜，然後盡你最大的禮貌建議對方——請他們去搞自己的藝術。然後繼續固執地做你的就對了。」[170]

伽利略被判在家軟禁後，繼續固執地鑽研他的理論，用上大部份時間寫出他日後的代表作《關於兩門新科學的對話》（*Discourse Converning Two New Sciences*），這本著作為他博得「現代物理之父」的稱號。且他始終不曾失去堅持信念的勇氣。據說，在被迫宣布撤銷日心說的主張後，伽利略的答覆是：Eppur si muove，但它就是在動。

地球繞太陽運行，這是一個事實。當局可以關他、禁他的書，但改變不了這個事實。老子《道德經》中說：「富貴而驕，自遺其咎。」[171] 在乎他人認可，你便囚於他人的看法。因為害怕批評而不作為，等於把他人的想法置於你的想法之上。愈不需要外界認可，愈不怕批評，你愈能探索更多自己的原創想法。

不求經常獲得肯定，不求眾人愛你、尊敬你、理解你，仍持續創造／創作，這是人類勇氣的莫大展現。你若仰賴外在給予力量，這股力量隨時能被拿走。但若能源在你內心，誰做什麼都搶不走。

內心的能源可燃燒完全，不會遺下危害，而且可以再生。即使暫時耗盡，也不必轉向外在來源，用更多肯定、更多認可、更多讚數來補充。你的心中自有源源不絕的供應。

到頭來，外界的批評再怎麼苦澀，往往只是證實你所做的事很有意義。只要你堅持得夠久，好發議論的人自會走開，找其他對象去嘲笑。而你的創作會替自己說話。

開心的意外

小時候在伊斯坦堡長大，我對美國的想像，是被選譯為土耳其語的各種美國電視節目構成的。這些美國派駐土耳其的「外交大使」包括《活寶兄弟》（*Perfect Strangers*）的賴瑞表弟、《家有阿福》（*ALF*）的譚家人、《凡夫俗妻妙寶貝》（*Married with Children*）的艾爾．邦迪，它大大強化了大家對美國人的各種刻板印象。

但還有一位與眾不同的大使，值得特別介紹。

他的名字是鮑伯．魯斯（Bob Ross）——經典節目《歡樂畫室》（*The Joy of Painting*）的主持人。每一集節目中，魯斯都會穿著同樣的藍領階級打扮，坐在椅子上，對著畫布畫油畫。

我第一次在土耳其電視頻道看到這齣節目，便停下來沒再轉臺。我還記得當時我心想，美國人一定無聊到發慌，連看一個人畫風景也可以當作消遣。這讓我重新思考起美國的魔力。

但這齣節目有某種令人上癮的奇特之處。它拉開創作過程的簾幕，讓觀眾看見一個創作者是怎麼無中生有的。對魯斯來說，讓觀眾看見完整的繪畫過程很重要，不管中間有沒有出錯。他不會把錯誤剪輯掉，反而會如實錄下來，接納錯誤。最重要的是，他會在畫錯的地方重新構圖。他會說：「我們沒有犯錯，這是個快樂的意外。」[172]

魯斯知道我們多數人忽略了什麼：創作必定會犯錯。你從來不犯錯，代表你只敢打安全牌，目標放得不夠高遠，或移動得不夠快。畫布的存在不是為了避免弄髒，畫布也不是供人盯著欣賞完美純白。畫布存在就是為了讓人在上面作畫——狂放而美麗的畫。

成功經驗豐富的人，失敗經驗也多。[173]他們成功得多，是因為做得多。畫過比較多張畫布、嘗試過比較多次射門、比他人投入過更多事業。貝比．魯斯是全壘打王，但也是三振王。[174]麥可．喬丹比 NBA 史上其他球員貢獻過更多最後一分鐘內的致勝得分，但也最常在最後一分鐘內失手，輸掉比賽。[175]

你的嘗試大多數會失敗。很多不會如預期中好，僅有少數幾次會成功，但也就足以彌補其餘一切。失敗是知識。借詩人魯迪．法蘭西斯可（Rudy Francisco）的形容，地面比雲朵更能教你學會飛。[176]我的失敗每一次都教會我一些事。如果你能把你做的事看做一次學習的機會，而不只是一次可實現的機會，那就算失敗也依然是種勝利。

完美主義的首要動力，是渴望受到外在肯定。那是一種耽溺。我們害怕要是暴露了搞砸的地方，就會得不到每天需要的肯定。你既生而為人，本就是不完美的。

當你力求完美，追尋的是某種並不存在的理想。你會因此開始拖延，因為只要避免去做，也就能避免犯錯。你會把創意錯導向簡單而安全的目標，導向最不會失誤的範圍。你會順從，而不是抗衡；你會應付事情，而不是把事情完成；你會直直站著，而不是翩翩跳舞。

印地安圖騰織毯很多都有織錯的地方，有的圖案變形，有的線條歪曲或形狀不對。有人說這些錯誤是刻意做的，用來提醒人類的不完美。[177]但一般認為這些錯誤不是有意的。有意的是編織者選擇不修正錯誤、把錯誤原樣織進布料中。[178]

這些編織的人明白一件事：一條不完美但有故事的手

工織毯，比工廠生產完美無誤的織毯更為美麗。我說的不是那種假造的不完美，比如刷破的牛仔褲，或刻意作舊的仿古董家具。工廠生產的不完美很容易認，一看到就知道了。你若掩蓋自己本身的不完美，等於隱藏起你有趣的地方。假裝完美的人，聊天十分鐘可以。我如果想和修圖過的人類相處，那我登入 Instagram 就好。

也別忘了：你不是鮑伯・魯斯。沒有攝影機時時刻刻對準你的畫布，拍下每一個畫錯的污漬。所以別擔心別人對你的想法，因為絕大多數時候他們並沒有想到你。每個人都陷在自己的小宇宙，顧著煩惱自己的污漬，沒空注意你的。

是啊，犯錯有時候很痛苦。犯錯的痛苦，是步入勇敢人生須付出的代價，我很樂意支付。不過還有另外一種代價，不是失敗，而是始終沒敢嘗試。我體會過那樣的痛，我再也不想有那種感覺了。

說到底，要畫布上不留污漬，唯一的方法就是不作畫。所以就去做吧，別怕犯錯。犯美妙的錯，只有你會犯的錯——留下具有你個人特色的污痕。好的錯誤無法使你完美，但會幫助你不再去想自己一定得做到完美。

專業的人何以能從容不迫

一九七六年，二十二歲的傑瑞・史菲德（Jerry

Seinfeld）第一次站上舞臺，在紐約市一間喜劇俱樂部的新手之夜公開表演。[179] 他拿起麥克風，準備說出他演練到滾瓜爛熟的段子，然後……沒有然後。

史菲德事後回憶：「我一個字都說不出來。我怕到整個人僵在原地。」當他好不容易鼓起勁動了嘴唇，也只囁嚅說出他原本要講的主題：「海灘……開車……狗……」史菲德對著麥克風說，他的聲音散得不像樣。整場表演只持續了九十秒。

我第一次在公共場合演講，也尷尬到無地自容。我會把要講的內容全部寫下來，然後逐字照稿唸，語調一成不變，只有聲音緊繃到太明顯的時候會清個喉嚨調整。我一邊讀著心中的大字報，一邊能感受到現場聽眾散發的無聊。我和聽眾之間的聯繫是**零**。課堂上也一樣。我當上教授後第一次教課，緊張到絆到電腦線，差點跌個狗吃屎。

往後十年，我一而再、再而三站上講臺，按照有耕耘有收穫、有耕耘有收穫的節奏堅定邁進。我教的每一堂課、發表的每一場演講，都比前一次再好一點。這一路以來，我學會與觀眾建立聯繫、把故事說得有趣、節奏亂了也能巧妙帶過不被聽眾發覺。如今我在研討會和企業活動經常被評選為最佳講者。

器物上了釉，看得見表面光彩，卻看不見底下實質。梅西（Lionel Messi），足壇史上的偉大球員，他自述用了

「十七年又一百一十四天，才一夕之間家喻戶曉」。[180] 史提夫．馬丁（Steven Martin）也有相似的感觸：「我表演單口喜劇到現在十八年，其中十年用在學習，四年用在精進，爾後四年才大獲成功。」[181]

演員艾爾．帕西諾（Al Pacino）和班．申克曼（Ben Shekman）合演迷你影集《天使在美國》（*Angels in America*）。帕西諾是申克曼的偶像，所以申克曼在片場會從旁觀察，學習偶像傑出的原因。有一天，帕西諾為某一場戲重複拍了十遍後，導演麥可．尼可斯（Mike Nichols）轉頭問申克曼：「你學到什麼？」申克曼回答：「越簡單越好。」尼克斯說：「不，回答得不對。正確答案是：看到這有多難了吧？就算是大師，就算是你的偶像，看看他也得試多少次？你只看了十遍，但我知道你看得出哪一次這裡演得好，但那還不行。儘管下一次演得很好，但卻沒表現在關鍵時間點上。」[182]

我們可以向專業的人學習，就像申克曼在片場觀察帕西諾。但若我們拿自己與偶像比較，衡量自己目前程度與對方程度的差距，很容易會認定自己不夠好或才能不足，乾脆連嘗試也算了，或者早早就放棄，認為自己沒那個天分。拿自己與經驗老道的專業人士做比較，不是挑蘋果那麼簡單。以軟體比喻，他們是上市產品，你還是測試版。他們做這件事就算沒個幾十年，也起碼好幾年了，而你才剛起步。

何況不是每個人都從同一條起跑線出發。有的人身家背景好，運氣也好，遇上好的機會得以率先起跑，或像瑪莉歐賽車得到火箭加速。這不是不去嘗試或放棄的理由，只是承認現實。你有可能和別人用相同速度跑了相同距離，但依然落後他們。人生並沒有人人通用的時間軸。據聞作家喬治·艾略特（George Eliot）說過：「成為你本應成為的人，永不嫌晚。」**所以好好肯定你現在所處的位置，肯定你至今走了多遠。**

假如你有機會看火箭升空，剛開始火箭看起來幾乎沒動，只是轟然噴燃火焰，然後用很慢、**很慢**的速度一吋一吋離開發射平臺。如果在引擎燃火後立刻替火箭拍張快照，你會以為發射要失敗了。只有長時間觀察火箭，才會看出它向上推進。

人生也一樣。剛展開一個新計畫，剛發起一個新事業，你往往會覺得你推呀推呀推——可是沒太大的進展。

Pinterest網站創辦人班·西爾伯曼（Ben Silbermann），說他在離開Google後用了四年才成功創辦一家公司。他說：「有四年的時間，事情進展並不理想。但我想一想，其實也不算長，也就是讀醫學院到住院實習前而已。」[183]

大多數人是連開始也不敢，怕自己做出的只是些彆腳貨。有這樣的恐懼很合理：早期階段，你的創作一定是反應冷淡。凡事不像表面所見，沒有什麼是躍然成形就已經完美的。你沒有看到那個單口喜劇演員剛開始每週上臺引起的觀眾噓聲、那段值得獲頒奧斯卡獎的獨白是重拍幾十遍才拍出來的，也沒看到某本書某一章的初稿，只要是自尊自重的作者都會為之困窘。每個創作者都得挺過早期這些尷尬的階段，才可能企及往後的傑出創作。

如果剛開始感覺很沉重，那是因為的確很沉重。你才剛點燃火箭，還需要花點時間找到通往目標的路。起初進展會很緩慢，之後動量會愈來愈大。所以別拿自己與其他已上達逃逸速度的火箭比較。專心在你的軌道上。向上推進一公分，再一公分，然後再一公分。爬得愈高，你會感覺愈輕鬆。在不知不覺間，你走過的距離就多過前方剩下的距離了。

自我推銷可恥的迷思

我始終不懂「不可恥的自我推銷」這個觀念。這樣的用詞認為自我推銷是羞恥的事。如果你推銷自己，就好像你如果把你的想法和成果推向世界，你一定很**不知羞恥**。但如果你不推銷你的創作，沒有其他人會代你推銷。人生不是電影《夢幻成真》（*Field of Dreams*），你不是凱文·科斯納。如果你建了棒球場，但什麼宣傳也沒做，沒有人會來。你只會是一個在愛荷華州玉米田中央蓋了座棒球場的怪咖。

我們經常為了不讓別人不自在，所以自我設限，把自己縮小到無形，甚至自己都看不見自己。聽我說：你的藝術能成就他人的藝術；你的智慧能解鎖他人的智慧；你往外伸展會鼓勵他人也往外伸展；你的發聲能改變別人的想法和行動。但你如果緊閉著嘴，這些都不會發生。

這不代表你要濫發廣告或利用別人。而是你可以友好的宣傳，用尊重他人的方式為自己宣傳。意思是你要對那些欣然表示歡迎的人宣傳——他們曾舉起手說：「嘿，我想要這東西。」[184]

你不推廣你的書，沒有讀者會來。

你不宣傳你的產品或服務，顧客不會上門。

你不行銷自己，工作職缺不會找上你。

自我推銷不是可恥的行為，而是愛的表現——愛那些想要你創造的事物的人。

自我推銷也是勇敢的行為，等同於對人說：「你看，我做了這個。」並承受被拒絕的風險。這是袒露弱點，也是無私。為了保護自尊心而不推銷你的創作，其實相當自私。自我推銷的相反是隱藏，想出點子不去執行；寫了詩不分享；有無數創作但私自囤積。

是時候消除自我推銷的污名了。真要說可恥，可恥也遺憾的是某樣事物也許能夠感動他人、豐富他人生活**卻不**加以推廣。

第四部分成三章

» **第九章　認出歪理**：過濾錯誤資訊，看清事實真相。

» **第十章　見人所不見**：跳脱新鮮、方便、流行的宰制，看見他人沒看見的。

» **第十一章　我不是你的人生導師**：勵志故事為什麼會蒙騙我們，善意的建議為什麼往往會誤導我們。你可以怎麼做，以停止與他人攀比。

第四部

去除外在雜音

我會告訴你：

» 「早餐是一天最重要的一餐」這句格言令人意想不到的起源。

» 為什麼有那麼多蠢問題（以及怎麼問才好）。

» 普立茲獎記者見不凡於平凡，方法超乎常理。

» 展開下個計畫前，喬治．克隆尼現象能教你什麼。

» 我們的頭腦是怎麼被禁錮的（以及該怎麼辦）。

» 從全世界最被曲解的一首詩，你能學到什麼。

» 競爭和比較為什麼也是一種從眾。

09

認出歪理

懷疑一切或相信一切，兩者同樣是但求方便的解答，
同樣都捨去了思考反省的必要。

——龐加萊，《科學與假設》

我們何以自我蒙蔽

「我的電量過低，天快黑了。」根據多家媒體消息，這是火星探測車機會號回報的最後一句話。科學界暱稱為奧比（Oppy）的這輛探測車，二〇一八年六月受困於大規模沙塵暴之後失聯，美國太空總署任務團隊向探測車發送數百條指令，請它與基地聯絡，但都沒有回音。二〇一九年二月，官方正式宣布奧比停擺，任務結束。

引起大眾關注的不是奧比在火星上執行任務超過十四年，那遠遠超出原本預期的九十天壽命。也不是它破紀錄在這顆紅色星球上往返移動了二十八英里，遠遠超越其他行星

探測車。

不，世界一時為之風靡的是，機會號最後傳回地球的話，經由一名記者發的推特報導出來。

我的電量過低，天快黑了。

這條推特在網路瘋傳，引起全球媒體狂熱。電商平臺Etsy上的設計師競相跟上這股熱潮，紛紛賣起引有奧比遺言的T恤、馬克杯、杯墊。無數的人在身體刺上這幾個字。

奧比的訊息引起眾人共鳴，部份是因為我們不時也都感覺自己電量極低，而周圍愈來愈昏暗。同樣的心情被非人類的機械表達出來，令我們不勝感慨。十四年來，這架小小的探測車盡忠職守，遵從主人指令，不畏火星狂風和沙塵暴的吹襲。隨著沙塵緩緩將她吞噬，奧比鼓足小小探測車所有的勇氣，向地球發出最後的道別。

我的電量過低，天快黑了。

問題來了：這個故事是假的。

奧比失去音訊之前，照固定程序向地球發送了一串編碼，回報各項讀數，其中也包含自身電量和環境亮度。一名記者沒讓事實減損故事的精采，把這串無規則編碼中的一小部份改述成英語，然後發出推特告訴全世界，探測車最後回傳的訊息「基本上可以說」是這個意思。[185]

幾百萬人於是跟著按下轉發，眾家媒體也紛紛刊出探測車最後通訊的報導。沒有人停下來想一想，或覺得有必要問：「一部遠端遙控的太空機器人，怎麼能吐出這樣完整又動人心弦的英語句子？」

我在奧比的任務團隊裡工作了四年。但有那麼短短一瞬間，我也對這故事信以為真。讀到報導中奧比的遺言，我忍不住發出「噢——」一聲嘆息，然後開始四處瀏覽新聞報導，挖掘更多細節。

《鬥陣俱樂部》（Fight Club）作者恰克・帕拉尼克（Chuck Palahniuk）寫道：「喬治・歐威爾他老人家搞錯了，老大哥沒有在看你。他在唱歌跳舞，從魔術帽掏出兔子。」他對你說著感人肺腑的故事，令你久久不能自拔，直到你的想像力變得「和闌尾一樣多餘」。[186] 我們陶醉在故事裡，把邏輯和懷疑拋向九霄雲外，然後迫不及待去刺上奧比刺青。

這是很常見的現象。麻省理工學院學者做了一項研究，分析從二〇〇六年到二〇一七年推特上發布的真偽新聞報導。[187] 這段期間內，偽誤新聞被轉發的機率比真實新聞高出七成，傳播速度則快上六倍。這個現象格外令人擔憂，因為推特是很多人首要的新聞資訊來源。《格列佛遊記》作者強納森・史威夫特（Jonathan Swift）寫於十八世紀的話，今日依然適用：「謊言健步如飛，真實在後跛行。」[188]

下一次你直覺想要按下轉發鍵，或順理成章接受群眾觀念前，先暫停片刻問問自己：這是真的嗎？對一切提出疑問，從生命耗盡的探測車看似合理的感傷道別，到市場行銷自信滿滿的宣傳廣告。只要你養成習慣經常追問*這是真的嗎？*你會驚訝地發現，答案往往不會馬上是肯定的。

懷疑不等於一概否定。凡事否定的人，是對天空揮拳的辛普森爺爺，是在臉書貼出七段長文，把「我做了研究」當作起手式的人，但他所謂的「研究」只是反芻從經過操弄的來源收集到的偽誤資訊。凡事否定的人是不疑的，現在否定，往後也永遠否定。相反的，懷疑者的心胸開放，會隨適切的證據改變看法。

但懷疑者光只是懷疑不夠。說「這是鬼扯」很容易，在會議上駁倒同事的想法也很容易，要用有建設性的方式表達懷疑則難多了。

方法是抱持懷疑並且好奇。這需要對各種想法持開放態度，即便是乍看爭議或錯誤的想法，同時也對這些想法保有懷疑，在兩者間找到巧妙的平衡。懷疑的目的不是為了懷疑，而是為了能夠想像不同的現況、發現新的見解，弄清楚哪些部份你可能需要重新想過。

好奇的懷疑者看到火星探測車的報導，可能會問：「這名記者怎麼得知探測車說了什麼？」這可能又連帶導出其他疑問：「火星探測車與地球平時是怎麼通訊的？說的是完整的英文語句嗎？我們怎麼知道探測車此時此刻在做什麼？」這些問題依循的脈絡，一方面是對記者說法的懷疑，更重要的另一方面，是對根本事實的好奇心。

懷疑與好奇會引領你走向少有人敢去的地方，發現少有人看見的寶石。

早餐真的是一天最重要的一餐嗎？

這句格言家喻戶曉到快老掉牙了，全世界各地的父母都拿這句話來教育孩子要吃早餐：「早餐是一天最重要的一餐。」少有人知道的是，這句箴言源自一九四四年通用食品（General Food）公司發想的廣告活動，用來促進早餐穀片銷售。[189]

廣告活動名叫「早餐吃得好，工作更有力。」活動期間，雜貨商店發放鼓吹早餐好處的小冊子，電臺廣告也宣稱「營養專家表示，早餐是一天最重要的一餐。這場活動是沖泡穀片一躍成為早餐主食的重要關鍵。

反過來說，早餐穀片發明於十九、二十世紀之交，用於推廣健康福祉，輔以特定的道德主張。家樂氏醫生（Dr. John Harvey Kellogg），家樂氏早餐穀片品牌的命名來源，與人合作開發抑制性慾、防止人自慰的穀片，家樂氏醫生認為自慰是「最危險的一種性濫用行為」。他在著作《老少須知基本常識》（*Plain Facts for Old and Young*）中寫到，口味濃重的食物「無疑會影響男孩的性衝動，刺激性器官早熟，乃至偶爾引人犯下本不會犯的罪行。」[190]

所以為了抑制不道德行為氾濫，美國人應該吃更清淡的早餐。玉米片因此誕生了。這個推廣活動至今七十五年過去，早餐根深蒂固成為一天最重要的一餐。而同一句格言仍像頭條新聞一樣，持續被重述轉發。

三人成虎，重複會滋長錯誤的信心。俗話說：「謊話說一遍猶是謊話，謊話說上千遍卻成為事實。」重複聽到有人說蝙蝠眼盲、人類只用到一成的大腦，或早餐是一天最重要的一餐，你往往會信以為真。

這些長久存在的迷思不斷被重述，即使已經有科學證據能加以否證。蝙蝠未必眼盲，事實上有些種的蝙蝠視力好過人類的一般視力。[191] 而腦力一成這個說法，神經學者貝瑞・戈登（Barry Gordon）指出「錯到簡直好笑」。我們人一天下來，實際會動用到近乎百分之百的大腦。[192]

不過，早餐能夠號稱是最重要的一餐，好似有科學根據。二〇一九年刊於《美國心臟病學會期刊》（*Journal of the American College of Cardiology*）的一篇研究發現，跳過早餐「顯著升高因心臟疾病死亡的風險」。[193] 以下舉例幾則報導此項研究的新聞標題：

- 〈天天吃早餐，可能有益心臟〉（健康線上）（該文開頭有可靠的「經事實查核」標章。）[194]

- 〈早餐吃了嗎？研究指出，跳過早餐死於心臟相關疾病的風險較高〉（今日美國）[195]
- 〈研究：跳過早餐提高百分之八十七心臟疾病死亡率〉（洛杉磯 FOX 11 電視臺）[196]
- 〈跳過早餐對心臟不利？〉（網路醫生）[197]

所以到頭來，也許你還是該吃那些玉米片？先別急。跳過早餐與心臟病風險有關聯，不代表前者就是後者的起因。換句話說，相關不等於有因果關係。

以下舉幾個荒謬的例子來解釋。尼可拉斯．凱吉出演的電影數量，與跌進泳池溺死的人數相關。[198] 人造奶油的消費量與緬因州的離婚率也相關，但這並不代表是凱吉的電影**造成**那些人溺水的，也不代表消費人造奶油在緬因州會傷害夫妻感情。你可能有其他好理由不吃人造奶油或不看凱吉的電影，但預防離婚或溺水並不構成理由。在這兩個例子裡，導致結果的是其他因素。

回到早餐的研究。

結果指明，這些跳過早餐的人也兼行了各種不健康的行為，其中任何一項都可能誘發心臟疾病。進行早餐研究的研究人員表明，跳過早餐的受試對象較多是「與固定吃早餐者相比，過去經常抽菸，或酗酒、未婚、身體活動量小、家庭收入低、總熱量攝取低、飲食品質低」。

換句話說，跳過早餐的人患上心臟病的原因，可能是因為抽太多菸、喝太多酒或不運動，並不是因為跳過早餐。該研究雖然盡力控制這些變因，但首位評論這篇研究的彼得·阿提亞醫生（Dr. Peter Attia）解釋：「人人有著根本的差異，要準確且適當地配合調整，是極度困難（其實不可能做到）的事。」[199]

然而新聞頭條普遍把關聯模糊為因果關係，曲解科學陳述以供大眾消費。為什麼？關聯無助於賣報紙，但信賴可以。聳動的標題能吸引更多點擊轉發。這個世界要求即刻獲得滿足，我們只想聽結論、祕訣、一招見效的妙法，不在乎事物的細微差異，細微差異只會把一切搞得複雜。比起說明研究的細節和限制，媒體只是發放處方箋：吃早餐，否則有可能得心臟病。

這一類聳動的文章接著迅速在媒體平臺之間擴散。看見相同資訊重複出現在不同場域，人們對報導正確度的信心隨之升高。不僅如此，親朋好友也讀到相同資訊，所以沒有人會質疑這樣的觀點，有缺陷的共識很快便於焉而生。

事實查核也無助於解決問題。首先，發表平臺多數依賴作者自行查核事實，就算素材經過事實查核，查核過程也往往用於揪出明顯的錯誤，比如時間日期、人名，以及可能導致昂貴法律訴訟的誹謗論述。

有時候，尤其面臨截稿期限進逼，事實查核容易草率了事。我就曾經拿起長踞《紐約時報》暢銷榜首位好幾星期的書，看到書中把人類只用上一成腦力這個老調重彈的可笑錯誤，當作事實反覆陳述。

更何況，事實查核也未必客觀。查核事實的人和記者，同樣都是活在現實俗世的人，和我們每個人一樣，難免會把自己的政治立場和意識形態成見帶入查核和書寫過程。自由派報導往往會對右派立場嚴加審視，保守派報導則嚴格審視右派，卻各自對自方陣營大為通融。

我們大多數人沒時間針對生活各方面的議題一一去閱讀、消化科學研究。就算真的讀了研究，可能也不知道要找什麼答案、問什麼問題。所以我們求助於專家的看法。只可惜，網路上充斥著自稱知道真相的「專家」。在網路上，專業知識已然成為一種自我標榜的資格，只要自稱專家就可以當專家。

不實資訊猖獗氾濫，我們能相信誰？該怎麼辨認誤導的資訊，區分有用的和無用的資訊？

所有思考能力強的人，一定有海明威所說的防止妄言偵測器。[200] 下一段我會分享我的妄言偵測流程。這是我的流程，意即不見得適用於每個人。取走對你有用的部份，其餘可以修改或留著不用。別當它是枯燥乏味、不遵守不行的衛生規範，請當它是有趣的謎題，目的是讓你帶著好奇的懷疑對過時的社會觀念提出疑問，發現其中埋藏的寶藏。

妄言偵測器

練習運用懷疑的好奇心。佐證是什麼？作者從哪裡獲得這些事實的？當心用「科學界表示」或「研究指出」開頭，結尾卻沒有引用來源的句子。過濾掉低品質的引用來源。對，我所謂的低品質，指的是〈八種意想不到，長壽必吃的超級食物〉這種排在 Google 搜尋結果前幾位的內容農場文。

問問自己，如果能和作者對話，我會問什麼問題？如果要和作者辯論，我會從哪一點切入？對早餐研究的作者可提出的問題可能包括：「跳過」早餐是什麼意思？將近中午才吃早餐算不算跳過？受試對象早餐吃什麼，對心臟疾病的機率有沒有影響？

當心用絕對的語氣進行陳述的資訊來源。真實是一個連續漸變的光譜，科學事實存在於這個光譜範圍內。費曼解釋得很好，科學家做陳述的時候，「問題不在於是真是假，而是有多大可能是真或假。」[201] 小心那些從不有疑的專家，用滔滔不絕的信心和誇張的手勢試圖淹沒所有不確定性。小心所有一體適用、一招見效的說詞，比如「早餐是每個人一天最重要的一餐」或「冥想是萬靈丹」。不承認自身論述有限、說法裡沒有細節、不提質疑自身結論的研究，這樣的作者也務須小心。

當心陳腔濫調或言詞籠統空泛的資訊來源。以下這個例子是一間公司發給股東的信：「我們的優秀人才、全球市佔、財務實力和對市場的全方位知識，使我們成為永續且獨特的企業。」[202] 說了這麼多都是空話。人才的長處是什麼？公司的市場知識怎麼樣全方位？「財務實力」具體來說是什麼意思？企業獨特在哪裡？[203]

像這樣空泛的論述往往被用來遮掩漏洞。肯尼斯・萊伊（Kenneth Lay）和傑弗瑞・史基林（Jeffrey Skilling）的例子就是這樣，安隆公司的這兩名執行營運長，於二〇〇〇年寫出上述語句，隔年公司即宣告破產，萊伊和史基林之後則以多項聯邦罪名遭到起訴。

作者是不是能從結果獲得利益？他們是不是在行銷自己投資的產品——如早餐穀片品牌宣傳早餐的好處，或醫生在網路上兜售自家的「營養補品」。

像是醫學研究，背後往往有製藥公司贊助。以《新英格蘭醫學期刊》（*New England Journal of Medicine*）為例，這是世界頂尖的一本醫學期刊。期刊一年間發表的七十三篇新藥相關研究中，「六十篇由製藥公司贊助，五十篇有製藥公司員工共筆，三十七篇通常來自學界的主要作者收受過贊助藥廠以顧問費、補助金、演講費等名義給予的津貼。」[204]

利益衝突不只限於學術界，在政府機關也可見到。例如，美國國家膽固醇教育計畫（National Cholesterol

Education Program）會制定目標膽固醇指數的官方標準。二〇〇八年負責制定標準的委員會，九人之中有八人與降血脂藥廠商有直接關聯——委員會若把膽固醇標準指數定得低一些，藥廠可大幅獲利。[205]

關聯不必然會影響結果，但人們往往不太願意反咬給自己好處的人。作家厄普頓・辛克萊（Upton Sinclair）有句名言就說了：「你很難讓一個人理解某件事，假使他因為不懂才能賺錢。」[206]

當心相對風險數字。早餐研究報導，跳過早餐不吃會升高心臟疾病死亡率達百分之八十七。聽起來好高！但從原始數據來看就很不一樣了。吃早餐的群體裡，三千八百六十二人有四百一十五人死於心臟疾病（佔了百分之一〇・七）。跳過早餐不吃的群體裡，三百三十六人中，有四十一人死於心臟疾病（佔了百分之一二・二）。媒體報導**相對**風險差異百分之八十七，聽來高得不成比例，但絕對風險差異其實小很多（百分之一・五）。[207] 馬克・吐溫（Mark Twain）說得好：「謊言有三種：謊話、該死的謊話，跟統計學。」[208]

不同意這些論述的有誰？很多資訊源只提供一件事的單面觀點。比方說，報導早餐研究的新聞文章沒有一篇提到反方論點。你需要呈現多方觀點的資訊來源，多方觀點可以減少錯誤觀念產生。

你想查一件事，有一個訣竅是在你自己思考過後，搜尋相反的論述。與其搜尋「早餐是一天最重要的一餐」，甚至提問「早餐是不是最重要的一餐？」，不妨搜尋「早餐**不是**一天最重要的一餐」。搜尋結果將能補足你遺漏的觀點。

不要蒙蔽自己。你想相信自己讀到的東西？那請小心，**千萬要小心**。如果你本來就喜歡天天吃早餐，你更容易相信早餐是一天之中最重要的一餐，並且無視任何反論。事物違背自己的信念時，我們很容易在潛意識啟動確認偏誤，繼而拿它當證據，把所有挑戰自身觀念體系的資訊都說成是假消息。

說到底，紀德（André Gide）說得對：「相信尋求真相的人，懷疑自稱找到真相的人。」尋求真相是一個連續不斷的過程，不會立即生成答案。很多時候，你反而會找到矛盾的結論，對答案產生更大的不確定感。

但處於不確定的不安，好過活在舒服的偽誤之中。

真相是活的

「吸菸席或禁菸席？」這像是在歐洲餐廳用餐時，服務人員會問你的問題。但實際上卻不是，這是一九九九年，我和父母在土耳其航空櫃臺辦登機證時被地勤人員所詢問的。最終我的爸媽選了禁菸的艙位，我心想，選得好。

但問題很快便相繼出現。第一，菸味會飄散，不會留在原處。第二，在設計讓空氣循環流通的機艙裡，菸味擴散得特別快。航空公司的可吸菸規定在今日看來很不可思議。但這件事情距今也才二十年，要怎樣我們才會認為飛機上允許吸菸是好主意？且先不說強加在禁菸席乘客身上的大量二手菸，萬一點菸引起機上失火，對任何一名乘客都不健康。

再回溯到更久之前。二十世紀初，醫師和牙醫師是幾大菸草公司最熱忱的銷售員，紛紛為香菸有助消化、維持體態、紓解壓力的功效背書。某一則廣告寫道：「耳鼻喉權威推薦菲利普莫里斯牌。」另一則寫著：「更多醫師選擇駱駝牌香菸！」[209]（聽見沒有，三叉牌！）

今日許多管制物質，曾經都是家庭常備用品。作家阿耶萊．華德曼（Ayelet Waldman）寫道：「直到二十世紀初，鴉片和古柯鹼還很容易取得，且經常為人使用。西爾斯百貨的商品型錄，相當於現在的亞馬遜購物網站，羅列各種注射器套組和小瓶裝海洛因或古柯鹼，配上方便時髦的手提箱……甚至，可口可樂到一九二九年才除去古柯鹼成分，往後只靠咖啡因帶給顧客欣快感。」[210]

也想想大陸漂移說，這是韋格納（Alfred Wegener）提出的想法，認為各大陸原是一個龐大陸塊，裂成較小的板塊後才逐漸漂移四散。韋格納是氣象學者，地質學圈外人。他初次提出這個理論時，牴觸當時既定的觀念，備受地質學專家奚落，他們斷定各大陸是靜止不動的。專家們指控韋格納「狂言妄語」搬弄偽科學，散播「地殼會移動、地極會漂盪的疫病」。[211] 美國著名的地質學者羅林·錢伯林（Rollin Thomas Chamberlin）就連考慮其可能性也不願意。他認為，若要相信韋格納的理論：「我們就必須忘記過去七十年來學到的一切，重新開始。」[212]

但羅林，科學就是這樣推進的呀。就像俄羅斯畫家康汀斯基（Wassily Kandinsky）所說，隨時間推移，「不真實的成為真實，真實的成為不真實。」[213] 有些人以此自然規律為由不相信科學，可是在我看來，這正是應該擁抱科學的理由。

擁抱科學不代表把科學奉為教條。很多打著科學之名大發議論的人，反而可能是最傷害科學的人。每次聽見有人說：「因為科學是這樣說的。」我總忍不住一陣尷尬。那是一種知識霸權，會撲滅好奇的懷疑，而非點燃好奇心。

沒有高高在上的科學。科學不是一套人盡皆知、不可動搖的事實。事實和大陸板塊一樣，會隨時間漂移。我們今年得知的事，明年可能又改變了。一套學說就算逐漸為人接受，往往還會出現新的事實，要求理論重新修正，或徹底拋棄現有說法。這也是為什麼科學界的重大獎項，例如諾貝爾獎，皆頒發給能夠成功推翻固有事實、駁斥既有理論的人。

科學就像卡爾·薩根形容的，「不僅是具體知識，更是一種思考方式。」[214]科學是好奇懷疑的過程，是懷疑論，是探索真相的方法——而不是真相本身。

在科學裡，我們根據研究判斷一件事是真是假，而非根據權威。不管你的名字後面掛著多少頭銜，不管你有多少名校畢業證書，不管你有沒有三重資格認證，你都一樣是科學流程檢驗的對象。你必須拿出你的著作，證明你闡述的事例，交由別人嘗試重現和反證你的結論。

費曼曾經收到一封大學生的信。這名學生在物理考試答錯一題，但她的作答根據的是課本上的敘述，而課本作者就是費曼，所以她寫信求教。[215]費曼回信給她，承認自己犯了錯。「我不確定我怎麼回事，但我傻了。」接著補上一句：「你也傻了，因為你信了我。」

費曼的重點很簡單：不要只因為在課本上讀到，就相信那是真確的，哪怕作者是費曼本人。作為一個學習之人，你的責任包括質疑你讀到的東西，而不只是消化反芻。費曼在一九六六年一場演講上說：「科學，就是相信專家的無知。」[216]他提醒「輕信上一世代是偉大導師絕對正確是很危險的」。

這不是反智，也不是攻擊理性。無知不是好事，但若我們把自己的公民責任完全外包給權威專家，懶得評估證據，也沒想過要用事實和細微差異來武裝自己，那也相當於剝奪自己的力量。我們批判思考的肌肉長久不用逐漸萎縮。

沒有人能壟斷科學。科學是一套程序，不是一個職業。科學探究並不只在實驗室發生，也不只侷限於演講廳。科學不為正統訓練出身的人所獨有。科學只要求有靈敏的心思，願意對所有想法動用懷疑的好奇心，對自己的想法更是如此。

搬弄偽科學的人把焦點放在證明自己是對的，而非找到目前正確的答案。他未經客觀檢視就否決其他想法，認為一切已經就此塵埃落定有了解答。他沒有實驗室，沒有空間檢驗自己的想法，也沒有可由他人證錯的假說。

偽科學不只在一些沒沒無聞的 YouTube 頻道能看到。每個拒絕聆聽歧見的政治人物都是偽科學的信徒。每個認為提出不同意見就是不效忠公司的企業總裁都是偽科學的信徒。每個即使看到相反證據仍不願意改變想法的人都是偽科學的信徒。

穩定不變在科學不是件好事。自我驗證會導向自我蒙蔽。對於一個主題，我若沒至少改變過一次想法，不算真正學會。如果你還在反芻五年前，甚或是去年學到的事，是時候停下來重新思考了。有句話據說是美國心理學家提摩西·李瑞（Timothy Leary）說的：「你有多年輕，要看你上一次改變想法是什麼時候。」

重點不只是要你對改變想法持開放心態，重點也在於你是否渴望去做這件事。渴望代表你會戳探自己的想法，代表你會去收集資訊證明自己錯了，代表你發現自己有誤不會因此困窘，反而會覺得是件好事。

這應該會是一種解放的感覺。你不必浪費心力保護自尊心，或者蒙騙自己繼續往錯誤前進。你可以像個好奇的科學家，感受發現未知的驚喜。

事實真相是活的，沒有停棲的終點。你現在珍視的事實，有些後來會變成錯的。你想知道錯誤的原因？還是想要獲得認可？這兩者你無法兼得。

笨問題的確存在

我剛當上教授的時候，在課堂上時不時會停下來問：「誰有問題嗎？」十之八九，不會有人舉手。我便繼續講課，信心滿滿覺得自己做得很好，把教材解釋得很清楚。但我錯了，看期中考試卷就一目瞭然，很多學生沒有聽懂。

於是我決定做個實驗。比起之前問：「誰有問題嗎？」我開始改說：「現在開放提問。」或更好的說法是：「剛才講解的部份不太好懂，我相信在座很多人有疑問。現在是發問的好機會。」舉手人數大幅上升。

我意識到「誰有問題嗎？」是個笨問題。我忘了同學們是以智力為傲的，要他們當著滿座同儕舉手承認自己不懂很不容易。我重新調整問法，表明教材很難，而我樂見提問，學生就比較容易舉手發問。我期待更多同學發問，我的問法經過調整後，發問的同學變成常態，而非例外。

我們在教室以外也經常問出笨問題。問新進員工：「到現在一切都順利吧？」不是真的想問他們的看法，而是在表述你真正的意思是：「我相信一切都很順利。」多數情況下，新進員工聽到這樣的「問題」，反應只會是重述你的預設，不會透露他們真正的感受。

問團隊下屬：「有沒有碰到什麼困難？」多數人會說沒有。他們可能怕承認有困難會被看作缺點。比較可能得到真誠回答的問法是：「你現在遇到什麼困難？」這個問法預設困難是常態，而非例外。

研究也支持這個方法。華頓商學院的一篇研究中，題目取得很巧妙，叫〈確實有笨問題〉，受試者應要求須扮演銷售員推銷一部 iPod。[217] 他們事先得知這部 iPod 故障過兩次，儲存的所有音樂都不見了。研究員好奇在角色扮演的生意磋商中，什麼樣的問題能讓銷售員坦白透露故障的毛病。他們讓有意購買的顧客試了三種問法：

「能介紹一下它的優缺點嗎？」只有百分之八的銷售員透露故障毛病。

「沒有什麼缺點吧，有嗎？」透露故障的比例提高到百分之六十一。

「它有什麼缺點？」讓百分之八十九的銷售員說出故

障毛病。這個問法的不同之處在於，它預設這部 iPod 本來就有毛病，銷售員因此更願意直說。

海森堡（Werner Heisenberg），量子力學測不準原理（uncertainty principle，又譯不確定性原理）的發想者，他說得很好：「我們觀測到的不是自然本身，而是我們的提問方法所揭露的自然。」[218]

當我們調整問題，改變提問的方法，也會改變得到的結果。

生活在疑問中

某次，我在一間大演講廳教憲法課，正談到貿易條款之複雜，遠遠有一隻手舉向空中。那個學生說：「我完全沒聽懂。」我看得出她很惶恐，她接著說：「我完全不知道自己在做什麼。」當時我很想放下正在進行的課堂，站上講臺當著九十名學生的面，為她鼓掌喝采。

這是勇氣的表現。她做到我們大多數人不敢做的事：承認自己不知道或沒理解。這也是謙虛的表現，在我們說出「不知道」這三個可怕的字同時，我們的自尊心消減下去，心胸敞開了，耳朵豎起來了。這更是一個同理心的展現。她舉起手，不只是為自己發聲，也替其他與她相同的同學說出了困惑。

我們很多人已然覺得與人生格格不入，還要我們承認自己不懂、不知道，簡直像要公開承認自己沒資格活著。比起承認自己不知道，我們情願假裝知道，微笑點頭，用將就拼湊的答案蒙混過去。

會有這種反應，部份是我們教育制度的遺毒。你要是在考試卷上寫「我不知道」，肯定不會及格。著名的美國作者，媒體評論者，尼爾．波茲曼（Neil Postman）寫道：「學校教育我們相信，所有問題都有答案，給出答案是件好事，即使並無答案可給，即使你看不懂問題，即使問題包含錯誤的預設，即使你對用以回答問題所需要的事實一無所知。」[219]

「思維敏捷」是對智力成就的極高讚美，但速度不等於可信度，有自信也不一定就等於有專業知識。暢銷作家麥爾坎．葛拉威爾（Malcolm Gladwell）追溯自己好學好問的個性，源自於他父親對智識的謙遜：

> 我父親沒有半點對知識的不安全感……他從沒想過需要擔心外界認為他是個笨蛋。他單純沒參與這個遊戲，所以遇到什麼事不懂，他就會問，不在乎自己是不是聽起來很笨。我想就算我父親遇到伯尼．馬多夫（Bernie Madoff），他也絕不會投資，因為他會說上個一百遍「我又不懂」。用他粗啞、緩慢的聲音說：「我不懂那是怎麼運作的。」[220]

葛拉威爾的父親問的問題，雖然可能會讓自己顯得愚笨，但問題本身並不愚笨。對葛拉威爾的父親來說，「我不懂」不代表「我不想懂」。就像艾西莫夫寫的：「隨知識（知道自己不知道）而來的不確定，與源自於無知的不確定，是不同的兩回事。」[221] 別變成劇作《伽利略》[222] 中的紅衣主教，拒絕去觀看天文望遠鏡，以免看見行星真的繞太陽運轉。

也別忘了：問問題的目的，不是為了盡快得知答案。有些疑問本就不應該消除。這些疑問的任務就是在你心中逗留，還原你、由內而外影響你。例如：

你是**你**嗎？

現在這是你想過的生活嗎？

如果明天就要死去，你會後悔什麼事沒做？

你能耐心對待這些問題，不急著給答案嗎？說出「我不知道」，能允許這些能改變人心的問題留在你身邊，也才能給予它們必要的時間，發揮疑問原本所具有的指導功能。

「從今就在疑問中生活吧！」如同詩人里爾克（Rainer Maria Rilk）所言，「也許你就漸漸在不經意間，經過若干時日以後，活進答案裡了。」[223]

10

見人所不見

倘若生活沒能鼓舞你，那是你沒注意看。

——IN-Q[224]，〈全部一起〉

擺脫明顯事實的宰制

一九六三年，十一月二十四日，克里夫頓·波拉德（Clifton Pollard）早上九點起床。[225] 這一天是星期日，但他知道自己八成還是得上工。妻子為他做了早餐，是培根和煎蛋，但一通電話打斷了用餐。是波拉德的上司打來的，波拉德早就料到會有電話。

他的上司說：「阿波，你方便上午十一點前過來嗎？要來做什麼你應該知道。」他確實知道要去做什麼。他三兩口吃掉早餐，離開住處，接著前往阿靈頓國家公墓，之後一整天都在墓園裡，為約翰·甘迺迪總統開挖墓位。

甘迺迪遇刺登上全球各地新聞頭條。嫌疑犯奧斯華

（Lee Harvey Oswald）是什麼人？總統夫人賈姬・甘迺迪為什麼一天都不換掉染血的粉色套裝？共產黨人是否參與策劃？詹森（Lyndon B. Johnson）接任總統後會有什麼作為？

在多數記者來看，這些是明顯需要追究的問題。但有一名記者想到的不僅限於這些明顯的事。吉米・布雷斯林（Jimmy Breslin）從大學中輟後當起報紙專欄記者。他有見人所不見的本事，擅長發現不明顯的觀點。

甘迺迪出殯當天，布雷斯林和其他多數報導遇刺案的記者一樣去了白宮。現場聚集上千名記者，人人都從政府行政部門發言人那裡聽得同一套說詞。布雷斯林心想：「我在這裡搞不出名堂，每個人都會寫出一樣的東西。」

於是他決定離開白宮，到河對岸的阿靈頓國家公墓去。他在墓園遇到掘墓人波拉德，他採訪了波拉德，從為甘迺迪整頓安息之地的這名男子的觀點，寫下一篇遇刺案的專題報導。當下氾濫的新聞報導內容幾乎一模一樣、結論也大同小異，但布雷斯林從獨特視角構思出的精采報導，在這之中脫穎而出。

波拉德說：「他是個好人。」指的是甘迺迪。他接著說：「現在他們會馬上過來，把他放進這個我挖好的墓位。你明白嗎，我能做這件事就很榮幸了。」波拉德沒能出席甘迺迪的下葬儀式。葬禮開始時，他已經在墓園的另一處勤奮工作，領三塊一毛美元的時薪，替未來將入主的人挖掘及整備墓位。波拉德自己後來也成為其中之一，他去世後也葬在阿靈頓國家公墓，與他為甘迺迪挖的墓位僅相隔百步。

這篇甘迺迪掘墓人的專欄故事，成為布雷斯林的代表作。發現隱微觀點的本事，使他的名字逐漸家喻戶曉。日後他除了獲頒普立茲獎，也當過《週六夜現場》節目主持人。

借用哲學家叔本華的意思來說，能命中別人瞄不準的目標是才能，但天才是能命中別人根本沒看見的目標。[226] 想法出眾的人在不尋常的地方尋找靈感。他們有意識地離開相當於白宮記者簡報室的空間，尋找屬於他們的墓園。

行李箱直到一九七〇年一直缺少一項古老發明：輪子。[227] 一般人下了車，必須用蠻力拽著笨重的行李，走進機場航廈登機，下了飛機再拖到目的地。輪子到處可見於其他物品，但就是沒人想到替行李箱加裝輪子，直到貝爾納・薩多（Bernard Sadow）出現。他看到工人使用滑輪裝載機移動重型機具，靈光一閃決定把相同方法用在行李上，滑輪行李箱於焉誕生。

再想想 Netflix 的誕生。[228] 回到一九九七年，Netflix 合夥創辦人瑞德・哈斯汀還是一名軟體設計師。租來的《阿波羅 13 號》電影光碟他忘記扔哪裡去了，結果累積了大筆逾期歸還罰金。哈斯汀在去健身房的路上忽然靈機一動。他的健身房和多數健身房一樣，採用會員月費制。他回憶：「月繳三十或四十美元，你想多去幾次或少去幾次都隨你意思。」這個靈光一閃，種下了創辦 Netflix 的想法。

別只是看**沒人在看的地方**，也要用**沒人用的方法**去看。也有人知道輪子能協助搬運重物，也有人知道月費制在健身產業很普遍，但他們沒有能像薩多或哈斯汀一樣，看出這些事物的用途。這兩人之所以能看見他人忽略的特點，部份是因為他們不只被動觀看世界，還會主動問自己，某一個領域的概念和天差地遠的另一個領域可以有什麼關聯。藝術家達利（Salvador Dali）形容「懂得怎麼去看，也是一種發明。」[229]

想獲得不尋常的靈感，要在看似平凡之處找出不凡。生活充滿靈感來源，只是我們不曾留意，我們忙著把時間都花在我們的白宮記者簡報室。離開簡報室，與世界交流吧。找到其他人都忽略的、屬於你的掘墓人。

你遇見的每個人都可以教導你一些事，不熟悉的人體現你不熟悉的智慧。他們知道一些你不知道的趣事，不去接觸永遠看不出那是什麼。主動去尋找它，當作捉迷藏遊戲。跳過客套話，試試看這些問題：「最近你特別期待什麼事？」、「你有什麼特別的嗜好或興趣？」、「你當前做的最有趣的事是什麼？」（我在挖甘迺迪的墓。）

只有在不同於常俗的地方，你才會找到別人看不出的關聯——乃至於別人所未看見的目標。

擺脫方便取得的宰制

為你自己思考，不然有人會代替你思考，並且不會為你著想。

——無名氏

近日以來，我們飽受媒體消費建議轟炸，這些建議經過複雜的演算法量身打造，對你我有最大的吸引力。

比起擴大我們的視野，演算法迎合我們照推算所應有的偏好。我們是可以四處挖掘其他選擇，但人的時間心力畢竟有限。於是我們不假思索跳進 Netflix 的「最熱門」清單，埋頭就追起《虎王》（*Tiger King*）。久而久之，我們認識的廣度逐漸縮小，知識視野日漸狹窄。

甚至，我們常常連選擇接下來要消費什麼都不必。串流服務替我們分攤了重擔，自動接續播放下一齣演算法認為我們會喜歡的節目。嗨，《印度媒婆》（*Indian Matchmaking*）。

演算法不在乎內容品質，只在乎你關不關注，能不能吸引並維持你的關注。我們這一代許多優秀的頭腦，把他們大多數時間都用在確保你會繼續觀看、繼續點擊、繼續刷新頁面。

演算法不只是反映潮流，它也創造潮流。演算法為你生成一個量身訂做的現實，不只影響你如何看世界，也影響你如何看自己。演算法把更有利可圖的建議內容排在優先，決定哪些歌、哪部電影、哪本書、哪個 Podcast 節目應出現在主頁，以此塑造你看見的、閱讀的、關注的事物。

為了這種方便，我們拿選擇的自由來交換。我們允許智識被禁錮，但自己甚至沒有感覺。

對我們施以禁錮的不只有演算法，還包括各種懶人包，各種方便的捷徑。面對鋪天蓋地湧來的內容，我們求助於前十名清單、暢銷榜、熱門排行。我們看哪裡熱門去哪裡——最熱門的股票、最熱門的工作、最熱門的加密貨幣。我們認為很多人喜歡想必也代表品質，很多人搶著要的東西，肯定比沒人要的東西好。

但比較受歡迎不等於比較好，流行單純只代表大眾目前偏愛這樣東西勝過其他東西。很多時候，流行什麼甚至不是大眾決定的。出版商在書籍上市前，已預先判斷哪些書更有機會暢銷，並對這些書投入行銷資金，確定這些書在你當地的書店會陳列在中心及前排。唱片公司事先決定哪幾首歌要在廣播上大量播放，留給 DJ 的選擇少之又少。在網路媒體上進行搜尋，演算法優先呈現會是原就暢銷的書、電影、唱片，更多人因此去購買，於是它們又賣得更好。

結果就是形成惡性循環。就如同記者亞莉珊卓拉・阿爾特（Alexandra Alter）說的：「暢銷書最暢銷，只因為它是暢銷書。」[230]

新聞媒體的運作方式也差不多。他們密切追蹤哪些文章最多人閱讀分享、哪些吸引人購買訂閱。[231] 比較不熱門的文章被迫讓位給點閱率（行話叫 CTR）高的文章。安德魯．戈翰（Andrew Gorham），加拿大最熱銷日報《環球郵報》（*The Globe and Mail*）前編輯，說明業內普遍的做法：「你看著分析數據，心想：哇靠，這篇報導點擊率好高，那就往前挪吧。增加它的曝光量，分享在臉書上、放上首頁、發布新聞通知、收錄進電子報。」接著補上一句：「我們不灌溉它，它就會枯萎消散。」

這種對熱門內容不由分說的灌溉，造成很嚴重的代價。就連「生活」也變成年輕人之間的人緣較量，只要你是風雲人物就會「變得」更受歡迎。我們愈是接觸流行的事物，我們的現實也變得愈加偏斜。質疑大眾論述的論點因為不流行、不熱門，很容易從公眾對話中消失。獨立記者被奪去收益，沒有聲量的作者很難獲得書籍合約。

某個靈感一旦流行起來，它就不再珍稀。你在每一個平臺都看到同一個靈感、同一則故事、同一句笑哏，換上不同騙取點擊的標題，反覆用了又用。時下流行的想法，就像時下流行的衣裝一樣普及蔓延，直到你在每個街角都看到同樣圖案、同樣款式的上衣。這也是為什麼如今暢銷書變成一種時尚宣言。很多人買書不是為了讀它，而是為了表達自己是會買這種書的人。之後那本書就只是擺上書架變成裝飾。

用村上春樹的意思來說，吸收人人都在吸收的東西，你也只會思考人人所想的事。你和其他一千名記者前往白宮聽到針對相同問題的相同回答，你也只會寫出和其他人一模一樣的報導。

與眾不同的靈感往往誕生自被人忽視的想法。而被人忽視的想法不會堂而皇之出現在《紐約時報》頭版（不然也不會被人忽視）。你想從一眾廚師中脫穎而出，要不必須烹煮不同食材，要不必須用人嘗試過的方式組合食材。

想逃脫便利的宰制，不需要你做劇烈的改變。你不必開始復古穿搭，也不必只聽冷僻的音樂，或只看藝術電影（這是外語片，一定很藝術）。只需要你對自己消費的東西有意識，做出你自己的選擇，而不是交由他人替你做選擇。

反過來，這需要你回答幾個簡單的問題，絕大多數習慣演算法餵養的人會覺得很難回答：我實際想學什麼？我這個人，不是其他別人，我對什麼感興趣？

搞清楚自己想學什麼後，往不那麼受矚目的來源取得資訊。搜尋尚未打進主流的創見，走在前線的學術論文，目前仍需聲援的科學發現，未受主流大眾注意的電影。曾經影響深遠但現在絕版的書籍，只能在圖書館或二手書店找到的那種書，而不是 Kindle 無限制閱讀服務內的流行暢銷書。

想更認識鄉村音樂？肯・伯恩斯（Ken Burns）製作了

一部出色的紀錄片。想更了解電影製作的發想過程？可以看《導演椅》（*The Director's Chair*）系列影片，導演勞勃．羅里葛茲（Robert Rodriguez）在影片中採訪多位影人，聊他們的電影製作手法。這是我歷來最喜歡的一齣節目，但你大概從沒聽過，因為這齣節目在一個沒沒無聞的電視頻道 El Rey 播出。

走進獨立書店，跳過暢銷書區，跟隨好奇心和機緣巧合的腳步，發現你的下一本書。從書架上隨機挑本書翻一翻，把忽然吸引你的那一本買回家。

追蹤在 Substack 發表文章的獨立記者。

是的，這些行動並不方便。但只有經過一些不便，你才會找到豐富多樣的資訊來源，拓展你的思考，刺激你的想像力。

擺脫新鮮事物的宰制

二〇一九年，Instagram 拋出震撼彈，宣布將試行隱藏「讚數」。[232] 使用者往後不會再看到小愛心標記展示出有多少人替他們最新的自拍照按讚。

變動的原因？是為了創造「減少壓力的空間」，Instagram 負責人亞當．莫塞里（Adam Mosseri）解釋：「我們不希望 Instagram 感覺像在攀比。」從商人一點的角度來說，減少博取讚數的壓力，也能鼓勵更多人更頻繁在Instagram上發布貼文，具有潛在收益的日常活動也會因此增加。

許多使用者聽到這個消息的反應，只用不滿幾乎不足以形容。對網紅來說，讚數就等於錢。網紅能吸引品牌或贊助合約，靠的就是公諸於外的按讚數字。而今Instagram試行的新措施卻會把數字隱藏起來。

消息一公布，Instagram上很多網紅備感絕望，揚言抵制，並拍下自己憤怒不滿的影片上傳（諷刺的是仍舊上傳到Instagram）。澳洲墨爾本一名網紅寫道：「我投入多少血汗淚水，就為了現在被奪走。不光是我受害，我知道的每個品牌和企業也連帶受害。」[233]

註冊登入Instagram這樣的社群平臺，如同浮士德和魔鬼打交道。為了換取時髦的設計和每天隨時都會造訪平臺、容易聚集的觀眾，你同意把所有主導權都讓與一個中間仲介。這個仲介可以單方面更改政策、隱藏讚數，基本上想怎麼樣就怎樣，甚至是終止你的事業或影響力。

我們對新事物高度敏感，從演化角度來看很合理。環境中的變化可能表示危險潛伏，所以家門前停了一輛可疑的白色廂型車你會立刻發覺，但對那棵你從旁經過上千次的熟悉的樹則視而不見。

很多人認為進步就是要欣然接受新事物：「上推特

建立你的粉絲群！新鮮事都在這裡發生。」、「即刻註冊 Clubhouse，拋出思想震撼彈。」、「不用 Snapchat 你就錯過了。」、「Facebook 和 Instagram 落伍了，現在 TikTok 才是王道。」新事物容易被看見，而容易被看見的事物，多半被認為是有用的。問題是社群媒體很少使無名小卒出名，只是反映了名人本來有多出名。

然而新鮮事往往不長久，每天張貼在 Instagram 的九千五百萬張照片和短影片、每天推特上分享的五億則推文，有多少能在螢幕上逗留超過幾毫秒？[234] 我們看過去，點讚，旋即遺忘。然而，我們卻不斷追逐這些倏忽即逝、壽命短之又短的思想。

今天火紅的事物，明日熱潮就過了。任由最新流行支配你的思考和行動，只會創造出有效期限短暫的作品。投資心力在愈陳愈香的事物上，價值才無可衡量。我把這稱為喬治．克隆尼效應：人生中有些事物，經歷歲月風霜非但無損其光彩，反而更添其價值。

這也是亞馬遜總裁貝佐斯（Jeff Bezos）奉行的人生觀。貝佐斯說：「我經常被問到：未來十年什麼會改變？但幾乎從來沒人問：什麼是十年後不會改變的呢？」[235] 投資於**不會改變**的事物更有意義，就算過了十年，人們依然在乎、依然會使用的事物。

回到二〇一六年，我剛要創建自己的網路平臺，我問了自己相同的問題：什麼是**不會變**的？投資時間經營社群媒體追蹤人數確實很吸引人，畢竟社群媒體非常公開，而且大眾常會把讚數和追蹤人數等同於人氣。在社群媒體上得到一個新的使用者追蹤，也比得到同一個人的電子信箱地址容易得多。

但我捨棄社群媒體的便利和可見度，決定創建一個部落格，投資心力經營電子報郵寄名單。我在自己的網站上經營這個部落格，不是在 Medium 之類的第三方平臺。我每週發送電子報給郵寄名單上的聯絡人，不讓中介平臺決定我與受眾的關係該遵守哪些規則，甚至直接奪去受眾。

重點是，我用於經營平臺的服務，主要是網路和電子郵件，在可預見的未來裡不會消失。兩者從一九九〇年代活躍至今。美國現在停用臉書的使用者數以百萬計，但沒有人停用電子郵件。[236]

今日有些最熱門的服務，或許讓人覺得會永久存在，但其實不然。還記得 Friendster、AOL 即時通、Myspace 或 Vine 嗎？這些服務曾經都有廣大的使用者，直到榮景不再。如今我們幾乎想不起當初何以有這麼多人為之著迷。

科技與日新月異的相關產業，具有今日花開、明日花落的本質，不是押身家投資的理想人選。你還是可以使用它們，前提是要分散投資，把重心投資在禁得起時間考驗的服務上。但完全仰賴 Instagram 與粉絲互動，相當於把所有錢只投資在一檔股票，你是在自尋死路。

還有一個錯誤的假設，也吸引我們投向新事物。用時下流行的關鍵詞來說就是以為一個有「創見」的想法，必定是新的。我剛開始寫作時，因為這個假設，我一個字也寫不出來。每當以為自己想出一個「新」點子，最後總會發現已經有人寫過了，我只好把這個點子劃掉，重新找起原創靈感這頭飄忽不定的獨角獸，但只要我以為看見了，又會剎那間消失。

但創見不必然要是新的。導演尚盧・高達（Jean-Luc Godard）說：「重點不是你從哪裡得來這個想法，而是你會把它帶向哪裡。[237] 只要你在既存概念裡加入自己的見解，帶入你奇特古怪的觀點，那就是原創。沒有人能用和你相同的一雙眼睛看這個世界。「寫下一句真誠的話。」就是海明威克服作者瓶頸的辦法。[238] 這也是找到你的聲音的關鍵。只要你說出屬於你的真實，只要你分享自己真正所見、所思、所感受的，那就會是獨屬於你的。

你一定聽過「既視感」對一個陌生的場所或情境忽然感到熟悉，彷彿曾經來過或發生過。這有一個相反概念，叫「猶昧感」（法語：jamais vu）看見熟悉的事物，卻有第一次見到的新鮮感。

猶昧感，是創意的關鍵。很多原創想法來自於回顧過去尋找靈感，在舊事物中發現新意——用不曾有人用過的眼光去看某樣東西。就像作家威廉・德雷謝維奇（William Deresiewicz）所說，舊的藝術作品「不受今日普遍觀念動搖，正是因為它們非今日所生。」[239] 比方說，對於一個議題，舊書可提供與暢銷榜最熱門新書不同的觀點。所以對於演化，讀最新出版的書之外，讀一讀達爾文的《物種源始》，你可能會發現其他人忽略的洞見，因為大家都把目光放在新穎閃亮的事物上。

回顧也可以是重讀你以前讀過的書。重讀未必浪費時間。每一次重讀某本書，我都感覺是一個新的人在讀它。書沒有變，但我變了。我看出了第一次沒發現的隱義，或者因為人生階段不同了，有些想法變得與我切身相關。

所以別只會問：「現在新的是什麼？」也要問問：「舊的有什麼？哪些東西十年後依然會在？」你若希望創造能恆久流傳的思想，記住喬治・克隆尼效應：關注那些愈陳愈香的事物。

名言佳句的宰制

羅伯特・佛洛斯特（Robert Frost）的《未行之路》（*The Road Not Taken*），堪稱是歷來最廣為流傳的英語詩。你對詩名如果沒印象，詩的最後一節肯定能讓你想起來：

我將提及此事，伴隨一聲長嘆
在時光流逝的許久以後：
林間曾經分出兩路，而我——
我選了少有人跡之路，
而這便造就一切不同。[240]

這段詩句到處受到引用，被當作個人意志和自決的宣言，從汽車防撞貼紙到賣場海報都能看到。我們選擇自己的道路，而不是別人替我們選的道路。令人意外的不是一首詩可以如此受歡迎，而是一首這麼受歡迎的詩可以被誤讀得這麼離譜。

只要細讀全詩，就會發現詩的原意與大眾的理解有些出入，只是這些重點常常被人忽略。佛洛斯特在詩的首兩節寫到，來往行跡已將兩條路踩得「其實並無二致」。下一節又寫，兩條路「同樣靜臥在落葉下，落葉尚未被踏黑」。換句話說，兩條路多少都有人走過，兩個選擇大同小異。旅行者事後回想，相信自己選了較少人走、比較正確的路，但這樣的後見之明無異於自我蒙蔽。

有史以來最諷刺的一件事莫過於此，一首半是感慨自我蒙蔽的詩，引起廣泛的集體蒙蔽。

我曾經也是這個問題的一員。我記得我在大一英文課堂斷章取義引用這首詩，結果當場被教授挫了銳氣，教授

（溫和地）建議我應該先花點時間讀這首詩，想一想它的意思，才不會自信滿滿卻引用失當。

我和很多人一樣，沒有費心把詩讀過，而選擇斷章取義引用動聽的句子。關於這首詩的錯誤資訊，以至大多數的不實資訊，往往就這樣傳播開來。我們沒有實際去聽、去讀，甚至只是瀏覽也懶，就這麼直接信賴不可避免扭曲了內容的格言佳句。每一次扭曲失真經過報導、經過轉發又會更加放大。我們信賴某個作者解讀另一作者對原始作者作品的解讀——每經過一層解讀，作品就受到一次扭曲。

有個黑色幽默網站曾經刊出一篇文章，標題是〈據研究：七成臉書使用者在科學報導下方留言前只讀過標題〉。[241] 然後呢？近二十萬人在社群媒體分享轉發這篇文章，其中很多人大概內容也懶得讀。怎麼知道的？要是有人動動手指，點進連結就會發現這篇文章是假的，內文就只有兩行英文字，剩下幾段全是無意義的亂碼。

不讀全文，還引發了美國歷史上最嚴重的一次鴉片類藥物氾濫。一九八〇年，赫謝爾．吉克醫師（Dr. Hershel Jick）寫了封五句話的信給《新英格蘭醫學期刊》的編輯。[242] 吉克是波士頓大學醫學中心醫師，可取用醫院病歷資料庫，其中包含多少住院病患使用藥物止痛後，出現成癮症狀的資料。吉克在信中記述成癮比例很小。

就研究而言，吉克這是非正式的記錄，且結果有範圍限制，只限於沒有藥物成癮史的住院病患。這封信刊登在期刊的通信版面，未經同儕審查。吉克本人對這封信沒有想太多，並表示那「在我做的一長串研究裡排在很後面」。

這封信起初並未引起多少關注。未料在刊登的十年後，它脫離原意發展出自己的生命。一九九〇年，刊登於《科學人》雜誌的一篇文章引用這封五句話的信，稱之為「廣泛研究」可佐證嗎啡不會使人成癮的論點。[243]一九九二年，《時代》雜誌同樣引用那封五句話的信，說是「具里程碑意義的研究」顯示，對鴉片類藥物成癮的疑慮「基本上是空穴來風」。生產「疼始康定」（OxyContin）藥錠的普度製藥公司（Purdue Pharma）開始引用這封信，聲明服用鴉片類止痛藥物而致成癮的病患，只有不到一成。美國食品藥物管理局據此聲明，核准疼始康定藥錠在標籤上說明，只要是合法用於消止疼痛，產生成癮的「比例極低」。[244]

這樣的接力傳話遊戲，不只誤解還嚴重歪曲了吉克在信中陳述的發現。他的發現只基於一間醫院在短時期內接受鴉片類藥物處方的病患，並未論及在家長期服用的患者。製藥公司用這封信來說服第一線的醫生，主張鴉片類藥物用於慢性疼痛是安全的，醫生不開立處方是讓患者承受不必要的疼痛。

沒有人想到要去讀一讀那封信。

從一九九九年直到二〇一五年，據報導有十八萬三千人死於過量服用鴉片類處方藥物。[245]其他數百萬人陷入藥物成癮。信的原作者吉克說：「我真的感到萬分困窘，那封寫給編輯的信竟然被這些藥廠用作理由，做出這樣的事。」[246]

解決辦法？去把原詩讀過。如果你沒讀過原詩，就不要引用那首詩。在這個追求點閱率的世界，多數人只看標題而無視內容，把原詩讀過是你能做的最大反叛。

比起所有懶得挖掘原始來源的人，這麼做會帶給你顯著的優勢。

你會看見他人所忽略的事實。

11

我不是你的人生導師

我不行，也沒有誰可以，代你行過那條路，
這趟路你必須自己走。

——華特・惠特曼，《自我之歌》

勵志故事何以蒙蔽我們

時值第二次世界大戰。[247] 你肩負一件任務，要想辦法保護飛越敵方領空的美軍戰機。我軍飛機遭受劇烈砲火，有些倖存歸來，但也很多燃燒墜毀。機身可以加裝護板，而你的職責就是要判斷護板應該加裝在飛機的哪個部位。

有件事可供參考：平安返航的飛機，彈孔大多集中於機身側腹，很少出現在機頭引擎。得知這個資訊後，你會把護板加裝在哪裡？答案可能看似明顯。把護板加裝在明顯可見彈痕的位置，因為很顯然這些就是飛機承受最多砲火的地方吧。

但有一名數學家亞伯拉罕・沃德（匈牙利語：Wald Ábrahám）想到，正確做法應該正好相反。他認為，護板應該加裝在沒看見彈孔的地方，而不是彈痕累累的地方。

沃德看見了其他人受盲點遮蔽的事。他意識到，他們看到的只有熬過敵火倖存歸來的飛機，沒有看到燃燒墜毀的飛機。

換句話說，倖存機身上的彈孔，反映的是飛機最堅固而非最脆弱的地方。畢竟，這些飛機的機身兩側被射成蜂窩都還是平安返航了。飛機最脆弱的部位是機頭引擎，倖存飛機的引擎都未見損害，沒有任何打穿引擎的彈孔。不是因為機頭不會被打中，而是因為機頭被打中的飛機都回不來了。

所以沃德提議增加引擎周圍的裝甲。他的建議很快受到採納，並在二戰中收穫成效。相同措施之後也沿用於韓戰和越戰。

這個故事具有遠超越於戰爭的重要意義。日常生活中，我們關注成功者的故事，那些倖存歸來的飛機，並且試圖效仿他們。在學校，我們被教導最好的方法是過去前人成功的方法。從紀實文學類書架上隨意拿起一本商管書，高機率會看到一套以當今創業鉅子為榜樣，在商業遊戲中獲勝的公式。

成功的公式，滿足了大眾對英雄的渴望，但這些公式也帶來誤導。我們只看見倖存者，沒有看見那些引擎中彈再也回不來的飛機。年輕實業家搬到矽谷追求創業卻以失敗告終的故事，無法刊上《快公司》（*Fast Company*）商業雜誌封面。照珍妮克雷格（Jenny Craig Inc.）體重管理公司的飲食建議仍減重失敗的男人，不會出現在業配廣告。受布蘭森、賈伯斯、祖克伯的前例蠱惑，放棄前途無量的大學學業，卻只淪落到不上不下，只能做著沒有發展的工作，這樣的年輕人不會出現在新聞裡。

也有可能，這些巨頭能成功不是因為所選擇的路，而是不管怎麼選都會成功。賈伯斯要是沒有從里德學院中輟，說不定可以更成功。健身廣告裡的女人擁有六塊腹肌，也許不是她兜售的運動計畫或保健補品有效，而是她本就練出了腹肌。也許每週健身一次就於一個月內增加九公斤肌肉的那個男人，只是有你沒有的超人基因。

資訊的把關者往往只讓你看見導向單一結論的有限資訊。他們用數字、用名人見證、用看似可信但只呈現部份真相的參考資料淹沒你。上了線上課程卻沒有收穫的那些人呢？不喜歡這家公司而辭職離開的那些人呢？比起求職履歷表上精心挑選過的推薦人，哪些推薦人能告訴你關於應徵者更準確的資訊？

成功故事也輕忽運氣的作用。飛行員也許是運氣好，引擎一直沒有中彈。這個人菸一根接一根抽，喝酒像用灌的，卻仍活到九十五歲高壽。你可以遵照他的法門，但只要一顆子彈射中罩門，你就會起火墜毀。

記住：所謂「業界最佳做法」不必然就是最佳做法，其中經常包含很多人把護板加裝在彈孔最顯眼的地方。就快被成功故事吸引住的時候，先攔住自己，提醒你自己，你並沒有看見全貌。把這種審慎的觀察也用在你於本書讀到的所有成功故事上。

最重要的是，別被明顯的彈孔給分散了注意力。脆弱易受傷的地方，往往藏在看似光鮮完好的表面底下。

田園居的誤導

一八四五年，亨利・大衛・梭羅（Henry David Thoreau）進行了一趟後來舉世聞名的行旅，前往麻塞諸塞州的華登湖，獨自生活在林間一棟自己建造的小木屋裡。他走入森林，寫道：「希望慎重的生活，去面對生命的本質，看看我是否能夠學會生活欲教導我的，而不至於在臨死之際，才發現自己未曾活過。」梭羅會仿效斯巴達人的堅忍刻苦，自食己力，沒有電也沒有自來水。他會「吮取生活的所有精髓」並「把生活減至最簡」。[248]

梭羅記下這段經歷，寫成《湖濱散記》（*Walden*）一書，是今日美國高中的指定讀物，也常被好萊塢電影引用，說明自給自足的美德和人與自然的牽繫。

自從讀過他的林間遊記，我就很羨慕梭羅。他的故事令我意識到自己的不足。你懂吧，我是個都市小孩，在一千五百萬人口的伊斯坦堡不斷向外擴展的市區長大。我的手是一雙書生的手，軟嫩沒有硬繭，我的職業傷害頂多是被紙劃傷（**真的**很痛）。假如把我丟到華登湖畔的小木屋，切斷電力、自來水和無線網路，我絕對活不下去。所以我欽佩像梭羅這樣的人，刻意把自己放進樸陋的生活環境，還能活得有聲有色。

但在讀過亞曼妲．帕瑪（Amanda Palmer）的《請求的藝術》（*The Art of Asking*）這本書後，我的態度有了轉變。她在書中揭露了幾個梭羅所謂「自給自足」的細節。[249] 原來，梭羅蓋的小木屋距離他家不到三公里，並不像遊記可能暗示的，位在哪裡的深山野林。他幾乎每天都回到有文明的地方，附近的康科德鎮就在步行可及的範圍內。梭羅三不五時會到好友愛默生（Ralph Waldo Emerson）家中作客用餐。我最喜歡的部份來了：每個週末，梭羅的媽媽都會給他送去一些新鮮出爐的酥皮點心。歷史學者理查．柴克斯（Richard Zacks）總結得很好：「大家要知道，這個與大自然共生的青年，每週末都會回家把家裡的餅乾罐掃空。」[250]

我講述這個故事不是為了嘲笑梭羅（好吧，多少有一點）。是因為這個故事突顯了重要的一課：我們推上聖壇崇拜的對象，他們的真實生活往往不像傳說中那樣崇高。與低醣飲食暢銷書作者塞了滿嘴的食物相比，你偶爾破戒的高熱量餐看上去還健康得多（我親眼見過好幾次）。倡行生產力走紅的人生導師，每天虛耗一個小時在瀏覽社群媒體。

這不代表他們的建議是錯的。這代表他們也是人，這也代表你聽取他們的建言多少要帶點懷疑，並記住那句非洲諺語：「裸體的人主動給你衣服，你可要提防著點。」[251]

網紅或公眾人物呈現光鮮亮麗的生活，用社群媒體當補土遮蓋彈孔，可以從中牟利。梭羅如果活在 Instagram 時代，八成會在自己蓋的小木屋前自拍，卻忘記拍幾張自己大口咀嚼媽媽牌手工酥餅的樣子。

就拿這本書來說吧，這本書是好幾年的耕耘濃縮成兩百五十來頁，你現在讀的這些字，並不單純是我傾注出來的。這本書經過無數次的修訂，拙劣的點子大多都被剔除，剩下的又經過多位能人之手反覆打磨拋光。

這也是為什麼每次與讀者面對面我都有點驚慌。我勢必會辜負你的期待。我寧可你見到的是只活在書中，比較帥、比較聰明、比較風趣的我的分身。

老羅斯福總統據聞曾說：「與人攀比會偷走快樂。」不僅如此，與人攀比也會奪走你的自信。拿自己與他人比較，我們往往會自覺不足。這是因為我們所比較的對象其實是個假象，是一個絕不完美的人經過修飾、套用濾鏡後看似完美的版本。

網路因為拉近我們與偶像間的距離，更加劇這種傾向。託網路之便，我們可以追蹤偶像的一舉一動，時時刻刻感覺自己差人一截。你聽了可能會很震驚，但你羨慕的是他們的社群媒體發文，然而社群發文和實際生活是不同的。沒有人整天有閒工夫眺望寫意的日落，或與名媛模特兒一起做日光浴。

你在網路上見到的很多是造假的。用四十美元可以買到 Instagram 追蹤人數五千人，十五美元可以買 YouTube 觀看次數五千次。[252] 也有點擊農場這樣的生意，有幾百部電腦和手機一遍遍重複播放相同內容，抬高假的互動率。[253] 甚至有人會在社群媒體上發布假的業配內容，假裝是品牌代言人，其實並沒拿到代言費。為什麼？某網紅說：「在網紅的世界，這是聲量。有愈多廠商贊助，你的聲量信譽愈高。」[254]

如果你渴求聲量或名氣，你可能只看到因此開啟的門，沒看到因此被關上的門。創作歌手泰勒絲的紀錄片《美國小姐》（*Miss Americana*）當中就有這樣一景。[255] 泰勒絲有財富、有名氣，站上了樂壇巔峰，專輯銷售破億張。但在那一景，她懇求團隊允許她公開支持該州一位政黨候選人。團隊反對，擔心此舉可能會激怒部份粉絲群。到最後她忍不住落下眼淚，她苦苦哀求的只是想公開支持一名政治人物，只是一件多數人不必多想就能做的事。

「我很驚訝成名是這麼的平淡無奇，名人是這麼的凡庸。」前網球名將阿格西（Andre Agassi）在他坦白到一新耳目的回憶錄《公開》（*Open*）裡寫到：「名人也一樣困惑、猶疑、不安，而且往往厭恨自己的事業。這樣的說法我們經常聽見，一如金錢買不到快樂這句古老的格言，但我們不信，非得親眼目睹才肯相信。」[256]

只挑取他人生活的片段當作比較基礎，會落入陷阱而不自知。你可能嚮往她的財富，但大概不想和她一樣咬牙承受每週工作八十小時。你可能嚮往他的身材，但大概不想為此嚴格控制飲食、按時健身運動。如果你不會願意**完全**與某人交換人生，那就沒有必要羨慕對方。

競爭和比較，是另一種形式的從眾。

與他人競爭，就是用他人的準則來衡量自己。我們努力想和他們一樣，但還要更好。我們的人生因此變成一場悲慘的零和遊戲，永遠只能有一人領先，永遠沒完沒了。到頭來我們的行為和六歲小孩沒兩樣，到處窺看誰拿到比較多糖果。在此同時，我們也把自主的權力拱手讓人，允許我與他人的差距決定我對自己的看法。

我有一次看到暢銷小說作者泰菲．布羅德塞－阿克納（Taffy Brodesser-Akner）的貼文說：「我剛看完一本書，好到我沒有心情起床。還沒開始寫小說以前，好書會讓我這麼惶恐嗎？寫作難道是競技運動嗎？」[257] 我懂她何以有此心情。我的書永遠不會像誰誰誰的一樣好，也是我腦中經常縈繞的恐慌。但我後來提醒自己：那本書的作者一定也這樣想別本書。我很慶幸他／她沒有因此不寫自己的書。我也不會因此停筆。

逃脫比較最好的辦法，就是保有原真。「原真」（authentic）一詞已經被濫用到失去大部份意義。我說的原真，意思是根據你自己的標準活出人生，而不是依照他人的標準。你如果有自己追求的目標，並且懂得避免受自尊心驅使而競逐虛榮的表象，比較就變得微不足道。

事實上，你的人生活得愈獨特，攀比也愈失去意義。你渴望他人也渴望的東西，愈容易陷入搶破頭的競爭。職場晉升的職位永遠有限，所以有人歡喜必有人愁。但若你發明自己的階梯，如果你追求的是各種不同大眾的活動，那就相對不容易去做同質的比較了。

我曾經羨慕梭羅，直到我意識到自己並不想過他那種生活。我對住在沒水沒暖氣的小木屋沒興趣，我也不想被蚊子咬、得萊姆病、摸到毒藤蔓。華登湖周圍的草，一如其他地方，實際並沒看上去那麼青翠。

下一次你因為聽了某人昭告世間的故事，不禁想奉他／她為偶像前，先想像一下梭羅——不是在吮取生活的精髓，而是他大吃媽媽做的甜甜圈的樣子。

多數建議的通病

回到二〇一六年，我動了製播 Podcast 節目的念頭。當時，我很信賴的一個朋友兼恩師建議我不要。他說：「拜託不要。每個人連同他們的親戚朋友都在做，Podcast 節目已經太多了。做點其他的吧。」

我聽從了他的建議，沒有製播 Podcast，改成製作訪談系列文章。我錄下與來賓的訪談，將內容聽打下來重新編寫後，發表在我的網站上。聽起來直截了當，其實不然。

人說話和寫字是不一樣的。說話的時候，不存在適切的文法、措辭和其他準確或修飾。要把這些口語對話轉化成邏輯通順的書寫體訪談，需要好幾天的工夫。而且，這些材料只做成書寫訪談發表，相當於失去無數會員聽眾，他們可能寧可透過應用程式聽未經編輯的原始談話就好。

但我還是堅持書寫的形式，因為我相信恩師的建議。直到做了十五篇訪談以後，我實在快累垮了，這才宣告放棄，開始製播 Podcast。

問題出在這裡：我們給予建議的時候，就像塔臺對飛機發布降落指示，語帶強烈的把握。「聯航一三五，下降並維持在一萬呎高度。」、「奧贊，不要做 Podcast。」我們甚至懶得多補一句「你可以聽我建議，但要有自己的看法」或「你的路線可能和我不同」來緩和我們的建言。

我們受到引導，以為製播 Podcast 只有一種方法不會失敗，創業只有一種方法不會失敗，只有一種開闢行銷管道的方法能保證奏效。但任何事都沒有保證不會失敗的方法。一招見效的迷思就只是個迷思。

所有飛機必須遵照既定的交通模式以保障起降安全，這種時候，絕對肯定是一件好事。但人生的交通模式不一樣。對某個人有效的方法，對另一個人不見得有用。

有的人應該做 Podcast 節目，有的人則否。有的人應該上大學，有的人則否。有的人需要多承擔風險，有的人則否。有的人需要更賣力工作，有的人已經瀕臨耗竭。在沒把握的情況下——換言之，在人生中——我們經常以為別人掌握一些我們不知道的訣竅。假如那些厲害的人都已經說製播 Podcast 這主意不好，我們自可以拋下這個念頭，他們的結論想必有充分的來由，沒有理由揣測懷疑。

但他們的結論往往沒有充分的來由。那些主要來自他們自身的經驗，有時甚至就只出於他們的經驗。他們只代表一個樣本數，單一個案不能代表整個基群，即使他們立意良善，給的建議自信到令人惶恐。

想一想創業家兼創投人馬克·安德瑞森（Marc Andreessen）一篇很紅的部落格文章，寫於二〇〇七年，標題是〈個人生產力指南〉（*A Guide to Personal Productivity*）。安德瑞森在文章中分享他做事有效率的策略。他的建議包括：「要確保不會再有人要求你做某件事，最佳辦法是第一次的時候，就堂而皇之把整件事搞砸。」他也建議讀者「一天從坐下來好好吃頓早餐開始」，因為「一篇又一篇研究顯示，是的，早餐是一天最重要的一餐。」[258]

對大多數人來說，第一個建議對於「用來被解雇」｜來說確實很受用。至於第二個建議，我在前面的章節討論過，比「一篇又一篇研究」所聲稱的要來得含糊難測多了，尤其安德瑞森在他那句話之後並無引用來源。

有一種邏輯謬誤，叫事後歸因謬誤，拉丁語為 post hoc, ergo propter hoc，看起來很華麗，意思是「在此之後，所以因此」。某人做了 a、b、c 三件事之後成為億萬富翁，因此 a、b、c 三件事肯定是他成功的原因。但未必然。其他 x、y、z 因素也可能是原因。

事後歸因謬誤可以部份解釋晨間習慣的故事，為什麼常成為商管自助書的核心要素。這些故事讓人近乎窺探似的看到那些企業家平日是怎樣「榨取」早晨時間，發揮最佳狀態。他們做瑜伽、冥想、慢跑好幾公里、泡冷水浴，再熱一杯從自家山羊擠的生乳，以上這些全都在上午九點前完成。

這種對晨間習慣的執著給人一種錯誤印象，好像你只要照著某人經過精心編排的賽前儀式，只要你做了 a、b 和 c，你就踏上了成功之路。但人生不是這樣運作的。用史蒂芬·金用的同一款鋼筆，你的書寫功力不會就因此提升。

外界常常塞給我們一套情節，說明人生怎麼樣才算值得活。故事會說只要照著這條路一直走，就能走向幸福快樂結局。但人生的道路與情節錯綜多變。為了複製別人看似幸福快樂的結局，我們最終掐熄了自己人生原本可能有的情節，成為別人的電影背景裡無聲的臨時演員。

盲目追隨別人的道路還不單是無害的活動，這麼做的同時，我們也逃避了自己應負的責任。我們告訴自己，只要照著對的策略、用對的鋼筆、依循對的步驟，那就萬事俱全了。我們假裝抄襲成功故事是可行之策，這樣就不必費心費力鋪自己要走的路。

就算來自可信賴的人，在你聽從建議行動前，先慢一慢，尋求不同人的看法，特別是意見分歧的人。記住別人的建議也就只是他們的建議，根據的是他們的經驗、他們的能力、他們的成見，未必適用於你或你正要做的事。

從他人的建議中獲得資訊，但不要因此受限。檢驗他們的建議，不要盲目聽從。看看那是否禁得起你自身生活的檢視。別人宣稱的福音真理，往往不過是他們的經驗罷了。

也別忘了：最好的建議不會堅決指揮你該走哪一條路，反而會幫助你看見前方多條可能的路，照亮你的盲點，讓你可以自己決定要怎麼做。換作你給予建議時，放回你自己的故事去講。敘述你的經驗，避免把你的建議說成普世真理。用「我」當敘述主詞（我當時是這樣做的……），並加入必要的細節和提醒。鼓勵對方也自己想一想，找到合適的路向前進。你可以問：*你怎麼想呢？你覺得什麼適合你？以前遇到這一類問題，什麼方法對你有用？*

到頭來，製播 Podcast 是我近年最佳的決定。走上這一條路後來引領我登上事業高峰，獲得夢想中的書約，還因此認識許多對我的人生影響深遠的人。當初勸我不要做 Podcast 的恩師呢？他後來也開了自己的 Podcast 節目。

沒有人會來

沒有人會來
拯救你
治癒你
相中人群中的你
把機會交給你
說你做到了
將你一把抱起
贈予你魔法配方
或代替你走險路
你不是落難少女
你就是你這則故事的英雄
你就是你等待的白馬王子

第五部分成兩章

第十二章　放下對未來的設想：向新的可能敞開心胸，不再設法控制不可控制的事，接受未知的美麗。

第十三章　蛻變：不斷重新建構你是誰

第五部

迎向蛻變與未知

我會告訴你：

» 為什麼專家預測未來的表現很差。

» 計畫未來反而可能讓你看不見更好的可能。

» 看不清楚前方的路，該怎麼出發前進？

» 放棄為什麼也是一種愛的展現。

» 仔細規劃的人生也等於半隻腳踏進墳墓。

» 毛蟲蛻變成蝴蝶的過程，可以如何教你發現自己。

12

放下對未來的設想

人類的潛意識深處普遍有一個需求，需要宇宙合理而符合邏輯。但真實的宇宙永遠超前邏輯一步。

——穆加迪（Muad'dib）的話，

法蘭克・赫伯特原著小說《沙丘》

預測未來的祕密

「不會有飛艇能從紐約飛到巴黎。在我看來那是不可能的。」飛機發明者萊特兄弟之中的威爾伯・萊特（Wilbur Wright），於一九〇九年寫道。[259] 但就在十年後，一九一九年，一架英國飛艇橫越了大西洋。[260]

保羅・克魯曼（Paul Krugman）在一九九八年寫道：「網路成長將大幅趨緩。多數人沒有那麼多話對彼此說！到了二〇〇五年左右就會很明顯，網路對經濟的影響不會比傳真機大多少。」[261] 這話說得好像不是很準，但克魯曼後來獲頒諾貝爾經濟學獎。[262]

預測這麼受歡迎是因為投合人性。在一個變化不定的世界裡，預測創造出確定的假象，但預測錯誤的比例遠比我們以為的還要多。

賓州大學教授菲利普・泰特洛克（Philip Tetlock）設計一項研究，用以判斷預測的準確率。研究請到兩百八十四位專家，職業均包含「對政治和經濟趨勢發表評論或給予建議」。[263] 他們的資歷也令人欽佩：幾乎人人皆有研究所學歷，半數以上有博士學位。平均而論，他們每個人也有十二年的相關職業經驗。

研究請這些專家預測各種政經事件的發展。例如，美國當前的執政黨在下一屆選舉後會否保有執政權；或如，未來兩年國內生產總額成長率會加速、減速，或維持現況。泰特洛克從一九八〇年代中期到二〇〇三年，收集了八萬兩千多份預測。

專家的預測表現奇差無比，甚至敗給推定未來將會延續過去發展的簡單演算法。例如，未來兩年的國內生產總額成長率，會延續目前的百分之一。專家也敗給見多識廣的業餘愛好者，也就是《紐約時報》的熱心讀者。泰特洛克邀請的專家唯一只勝過柏克萊大學的大學生，泰特洛克形容這位大學生「實現了不可能的任務，預測準確率甚至比隨機猜測還差。」[264]

更高的教育或額外的經驗也未帶來差異，有博士學位的專家預測表現並未勝過非博士，有經驗的專家也未勝過業餘者。不過，有一個變因會影響預測準確率：媒體讚譽。受媒體關注的專家，就是你在電視上看見的所謂名嘴權威，預測表現比相對低調無名的同行**更差**。專家的媒體曝光率愈高，愈容易忍不住說出過度自信的動聽金句，或方便媒體引用但事後證明是錯誤的預測。

預測失準的問題，並不只限於政治或經濟，還跨足各個領域。另一篇研究題目命名很巧妙，叫〈專家何以懂這麼多，預測卻這麼不準？〉，在醫學、會計、心理學等不同領域也驗明相同問題。[265]

然而，做出不準確預測的專家往往可以全身而退，不會被點出來。很少有人會說：「史博士，你是不是少說多看比較好，因為你的經濟預測經證實有九成都錯了。」因為到了那時，我們已經關注起下一則新鮮、精采的新聞議題了。

咱們的史博士三不五時也會預測正確一次，但這不是因為他有神人般的遠見，只是因為運氣罷了。你如果投籃投上一天，總有命中的時候，但這不代表你是神射手。

別誤會我的意思：專家有專家重要的功能。只有專家能寫出電腦程式、研發出飛機。我不會想讓從 YouTube 影片學根管治療的牙醫替我看牙，專家有經驗，隨經驗又會累積出豐富的業內知識。專家能詳盡說明領域內的歷史沿革，但他們並不擅於預測未來發展。

這不只是專家的通病。沒有人擅於預測未來，人生絕大多數無法預測、繪製成圖表，或縮減成 PowerPoint 簡報。未來一旦不如預期，我們的預測和籌畫只能被剔除（或更慘的是，還繼續照計畫走）。

我們花費這麼多心力，企圖預測非我們能控制的事，擔心未來可能發生的事。我們杞人憂天，日子總在埋怨景氣不好、天氣不好，這個那個不好。

擔心是在揮霍浪費你的想像力。想想你用了多少時間心力在擔憂未來，為各種預測發愁——政治預測、股市預測、Covid-19 疫情預測，這些還只是幾個例子。

投降不必然是落敗，投降可以是重獲自由。放下不代表拋棄責任或漠視問題，放下代表專注於你能控制的事，放開你控制不了的盤算。

一切都歸結回到一個問題：這有幫助嗎？

擔憂未來有幫助嗎？

此時此刻不停重新整理你愛看的新聞網站有幫助嗎？

將掌握心境的責任和自主權，交給某個自稱先知的人，滿嘴聽來安慰實則誤導的預測，有幫助嗎？

答案若是沒幫助，那就放下。

停止預測未來。反過來，去創造未來。

預先計畫有個問題

看向安全的航路，等於從此閉上雙眼。

——保羅·厄崔迪，

於法蘭克·赫伯特原著小說《沙丘》

無需羅盤！——

更不用海圖！

——艾蜜莉·狄更生，《狂野的夜——狂野的夜！》

一八〇〇年代，英國的樺尺蛾出現奇特的形體轉化。[266]轉化前，樺尺蛾百分之九十八是白色的，黑色只佔百分之二。但往後五十年間，這個比例完全反轉。到了一八九五年，百分之九十八的樺尺蛾是黑色，其餘才是白色。

樺尺蛾的轉化可以追溯至一起歷史上的大事件，事件的餘波不只改變蛾的形態，也改變了我們現今所知的生活。那就是工業革命。

工業革命前，白色樺尺蛾比起黑色有顯著的生存優勢。樹皮上簇生的白色地衣，讓白蛾能隱蔽體色，不易被發現，因此躲過鳥類捕食。工業革命到來後，開始有燃煤工廠向天空排放大量二氧化硫和煤煙。二氧化硫殺死長在樹皮上的地衣，煤煙則把樹皮染黑。

環境發生變化，白色樺尺蛾在深色背景上變得醒目，成了飢餓鳥兒能輕鬆捕捉的食物。反而是黑色樺尺蛾現在能融入樹皮，族群數量向上竄升。

舊日的優勢成了今日的不利因素，過去的弊病卻成了現在的益處。白色的樺尺蛾逐漸消失，黑色的卻蓬勃壯大。

世界演進的速度快得令人暈眩。我們縱然有再縝密的計畫，明日也不會配合。眾人看好的新產品銷售落空，看似穩定的工作一夕消失，顛覆者成為被顛覆之人。變化削弱企業固有的競爭優勢，興盛的產業日漸衰退，像淺色的蛾在變黑的樹皮上暴露出蹤跡。

人們渴望回到「常態」，或拚命希望預測「新常態」，但世上並沒有所謂的常態，只有變化。持續不斷、永無止盡的變化。時慢，時快，但始終在變化。倘若能意識到我們足下的大地也會漂移——從來就不是靜止不動的，我們是否也可以放輕鬆，敞向新的可能，領略不得而知的美。

有一個大方向是好的，想要自己創業、想寫一本書、想開一間瑜伽工作室。但被計畫綁架，認定一定只能照某一種方式實現，那就不好了。計畫靠的是你**現在**知道的想法。但當前的你即使有先見之明，能展望的範圍也有限。不保持開放的心態，你遲早會阻礙自己的路。

有個關於如何捕捉猴子的故事很有名。在罐子裡放幾粒花生，猴子會伸手進去抓，然後才發現罐口很窄，握滿花生收成拳頭的手抽不出來。只要放掉花生，猴子就可以逃脫，但他不願意。比起放手，他選擇緊抓不放，抓住那個他得不到的東西。

計畫愈是牢靠，我們愈是依賴計畫，即便事情並未照此進展。我們在應該睜眼去看的時候閉上眼睛，在應該行動的時候坐著不動。我們看著自己預期看見的事物，而不是實際發生的事物。你如果是一隻白色樺尺蛾，死命想證實你認為工業革命並未到來，最後你只會淪為飢餓鳥兒的食物。

我們不斷努力想把所有事想清楚。但「所有事全想清楚了」也就等於走到完結，片尾名單開始往上捲動。你人生的電影還沒結束，你還正在動作當中，不斷演化並向外開拓。要是接下來的事你已經知道了，正在開展的情節就會中斷，你也學不到你需要學會的經驗。

我們試圖控制未來，一部份是因為未來充滿不確定性，不確定的感覺令人害怕。我們不知道什麼事會順利，或接下來會出現什麼。所以我們四處尋找確定的事物，希望消減不確定感。我們緊抓住舊有的身分，依附對未來的計畫，尋找已經證明過的配方，寫好的食譜，有效的步驟。我們想先找到地圖，才敢前往未知的領域，踏上尚無人跡的道路。

我們抓住的東西會定義我們，也會限制我們。

我們淪為人質，對未來的預期關押住我們。不知不覺間，我們的目光只看向某一種情境、某一條路，或某一個人。我們就像小說中的大亨蓋茲比，舉辦一場又一場宴會，盼望黛西會來而始終成空，忘了其他等待我們的可能性，可能比我們當前想像的黛西更美好。

回想你人生中最值得回味的時刻。如果你和多數人一樣，那這些想必不會是事先精心規畫好的時刻。這些美好時刻之所以出現，正是因為你放鬆接受了可能性，對神祕未知保持開放的心境。事件於是以你始料未及的方式開展，比你的任何預測都更要魔幻。

在樹皮轉黑的時候，我們有得選擇。我們可以畏縮，活在否認裡，緊緊攀附在變黑的樹上，絕望地盼著舊有的應對方式會奇蹟似的再度有用。我們可以沒日沒夜對天揮舞無用的拳頭，威嚇宇宙發給我們好一點的牌。

或者我們也可以放鬆對明日計畫的掌握，一如我們褪除昨日的舊皮。我們可以善用手上拿到的牌，而不只是盼望想要的牌會發給我們。我們可以學會用不曾試過的方法，運用我們的能力、產品和服務。我們能找到不同的隱蔽物，在煤煙染黑的世界裡保護自己不被鳥兒叼去果腹。

人生是一支舞蹈，但這支舞無法事先編排，需要你對接下來發生的事保有好奇心，而非要求這支舞符合我們精心編定的步伐。倘若我們試圖強求結果，強迫下一步該怎麼走；倘若不可預測的事我們強加預測，不可控制的事我們妄求控制，我們會腳步打結，反而展現不了舞姿。

恐怖電影要是早知道結局，趣味會大幅降低。要是早就知道哪一隊會贏，足球賽會無聊透頂。如果你一直低頭跟著旅行指南走，確定沒漏掉每一個「重要」景點，但卻錯過了正在你周圍發生的奇妙人事物，這趟旅行不會豐富精采。

可是來到人生，我們卻要求有一本詳盡的指南，劇本一行一行寫好，決定事情會如何開展。但人生更像是立體方格攀爬架，而不只是一道長梯。人生抗拒預測、邏輯和秩序。大自然裡沒有一直線的東西。樹沒有任何一根樹枝完全筆直。火山以燦爛混亂的方式甦醒爆發，噴出的熔岩能摧毀觸碰到的一切；直到岩漿冷卻、硬固，經過漫長時光，形成豐沃的土壤。

智慧不是你的五年計畫或你的人生腳本，智慧在你心中。光並不在隧道的盡頭，光在你的內心。如果你能像個即興演員臨場發揮，如果你能接受人生帶給你的每一件事，心中想著「好呀，那我就……」，人生會變得更加流動而有彈性。你可以踏入新的角色，欣見路途的轉折，抵達意想不到的目的地。

未來會眷顧視野開廣、心胸開闊的人。別堅持照劇本走，放下期待看見的事物，睜開眼睛去看實際存在的事物，你會注意到許多原本可能錯過的東西。

不確定是特色，不是缺陷，是應當接納、而非抹除的東西。我們愈想找到明亮清晰的康莊大道，愈會選擇別人常走的路，因此看見的事物也愈少，愈難繪製自己的地圖。手上的撲克牌不只有一種打法，行銷產品不只有一種正確方式，編寫一本書也不只一種方法。

太多太多的人一直在等，想等到確定下一階段會怎麼開展才敢行動，但這卻代表他們永遠不會行動。人生往往一次只會照亮前方幾步。沒有預告可以先看見路徑，也沒有手電筒亮到能照見遠方。你每踏出一步，每次試行不同的路，就是從未知走向知，從黑暗走向光。

想要知道的唯一辦法就是起步走，**就算**還看不清楚前路。沒錯，你從未推出過這樣的商品，你從沒讀過法學院，你從沒做過這樣的工作。但你賣過別的商品，上過別的學校，做過其他的工作。

你做過的每一件事，都曾經是你第一次去做。你以前也經歷過，而你活下來了。你熬過了挫折，解決了未預料到的問題，發展出重要的能力，現在你更可以將這些用在下一趟任務。

有時候你會乘風破浪，克服不確定感。也有的時候，你會被浪推著走。但若你只在熟悉的水域游泳，永遠不會發現意想不到的驚喜。世界真實的樣貌，與我們希望世界所是的樣子，兩者之間永遠存在空隙。我們可以把這空隙看作威脅。也可以把這空隙看成可供發揮的空白畫布，躍躍欲試拿出我們的看家本領。你會怎麼選擇？

13

蛻變

人的內在若無一團混沌，不會迸發舞動的星子。

——尼采，《查拉圖斯特拉如是說》

我不知道我們要去哪裡，但我很清楚知道怎麼去。

——博伊德·瓦提，《獅子追蹤師的生命指南》

你的來生

毛蟲要化為蝴蝶，首先必須接受自己死去。[267] 這個過程始於毛蟲體內深處的一股衝動，向它示意是時候該改頭換面了。感受到這個信號以後，毛蟲將自己倒掛在一根細枝或一片葉子上，結成蛹。

在蛹裡，毛蟲開始吞食自己，是真的把自己吃掉，它會分泌酵素，溶解並消化自身所有組織。毛蟲蛻變成蝶，在大眾文化常被形容得唯美，但實際上無任何優雅可言。要是把蛹剪開，你只會看到爛成糊的毛蟲。

毛蟲消化掉自己後，僅存的只有名為「器官芽」的細胞團，器官芽的英語 imaginal discs，取自「想像」（imagination）這個單字。這些細胞是毛蟲的樂高積木，也是毛蟲的構成基礎。器官芽吸收蛹內的營養湯，讓毛蟲長出眼睛、翅膀、細足，以及羽化成蝶需要的一切。就這樣，從這一團噁心的糊漿之中，誕生了美麗的蝴蝶。

蛇就算蛻去舊皮，依然是一條蛇。但對我們人類來說，從上一個生命階段轉進下一個階段，過程有時候暴力得多。我們會被迫徹底變化，成為一個別的形體，就像毛蟲蛻變成蝶。

我蛻變的時機，要說回到二〇一六年。在那之前，我是蛻過一些舊皮，從火箭科學轉戰法律，再到學術界工作，但我的事業基礎始終建立於固定的雇主固定發薪。

就在我拿到教授的終身職後不久，我驚覺這樣的人生已經不適合我了。我不想只是寫只有少數教授會讀的學術論文。不只如此，已經連續好幾年了，我始終教著同樣的課、回答相同的問題、出席相同的研討會。

我身為毛蟲的生活過得很舒適，太舒適了，舒適到我停止學習成長。即使蛻變的信號降臨，我起初也只是忽略。我把學術界看作重要的安全網，終身職保障我三餐溫飽。

不用為生計發愁，我才得以探索其他的冒險事業，例如寫關於火箭科學的書，或至業界領銜的企業演講，而不用拿生活當賭注。萬一其他計畫沒能順利開展，萬一我墜落，永遠有教授終身職這張安全網可以接住我。

直到有一天我猛然醒悟，我意識到安全網已然變成束縛我的緊身衣。只要我還一腳踏在學術圈裡，我就仍然被拴著，無法充分跳向其他領域，因為對學術的投入會耗損我有限的時間和創造力。

換句話說，曾經提供我安全和舒適的這張網，我愛過的這份事業，現在框限住我。不徹底放下我曾經所是的人，我不可能充分走進我將成為的人。

能接住你的安全網，也能拘束你，讓你相信只有待在網子上方才安全。網子對你呢喃：只能在這裡玩，不要去那裡。不要冒險，就算那可能有益於你，不要往新的方向跳，網子支持不了你。

人生中這些安全網給我踏實的感覺，但我會緊緊抓住網子，不是因為安全感，也不是穩定感，這只是我給自己的說法。事實上是恐懼，害怕放手，害怕失去毛毛蟲的生命，害怕不知道自己究竟能不能化成蝴蝶。是沒錯，外頭有那麼多蝴蝶在飛，但我只知道，我就還是一隻毛蟲啊，可惡！

但接著我想到：放手可以是愛的一種展現，死亡蘊含新生。就像喬瑟夫・坎伯（Joseph Campbell）寫的：「大地必須綻裂，生命才能萌芽。種子如果不先死去，不會長成植物。麵包誕生自小麥的死亡。此刻的生命，活在先前無數的生命之上。」[268]

是的，此刻的生命活在先前的生命之上。舊的自我會成為新自我的肥料。舊的事實成為種子，長出新的領悟。走過的路成為燈塔，照亮新的方向。

所以我決定把自己包裹成蛹，將過去消化成為未來的養分。過去從事火箭科學研究，給了我批判性思考這雙翅膀，而且構成一本書的主題。學術界的經驗給了我教學和吸引聽眾的能力這雙腳。十年來的寫作給了我敘事能力這對觸角。這些器官芽是我的構成基礎，幫助我創造出新的我。

毛蟲蛻變成蝴蝶的過程不會立刻完成，毛蟲不會逃離自己，它成為自己，賦予自己形體。它待在蛹裡，耐心照料那一片荒蕪，直到探出器官芽的位置，開始構成一隻蝴蝶所需要的外形。

我在我的蛹裡待了幾年，那段時間我仍然留在學術界，檢驗幾種不同的我和不同的未來。到我在書寫和演講方面多少有些建樹以後，構成飛翔所需要的器官以後，我才下定決心離開。

別誤會：看著自己瓦解並不有趣。你無法迴避失序、崩毀，看著曾經存在的東西衰朽。在你最接近下一次蛻變的時刻，你對自己的懷疑也會最深。腐爛開始的時候，你會滿心想回去當條毛毛蟲。社會會盡其所能說服你抗拒轉變，繼續舊有的行事。看看你現在要拋下什麼，他們會說，你要把這些都浪費掉嗎？你這麼努力才累積了這一切，現在都要清空嗎？

但清空不代表遺忘。正好相反：清空反而需要你記住你的過去，記住毛蟲留給你將來以蝴蝶之姿生活的線索。你花在主修藝術史、讀法學院或創業的時間、金錢、心力，這些經濟學稱之為沉沒成本的東西。但這些不是成本，而是禮物，是過去的你送給現在的你的禮物。

你先前的工作如果給了你現在成長需要的能力，那還算是失敗嗎？先前的感情如果讓你認識到愛的意義，那還算是失敗嗎？你的藝術史主修賦予你欣賞創意的方法工具，那還算是失敗嗎？

待在蛹內的時候，沒必要拿自己與周圍飛舞的蝴蝶比較。他們化成蝶已經一陣子了，你的翅膀才正在成形。一株年輕的樹不會望著大樹自慚形穢，我們不會批評一顆種子還沒長出根，我們會為它澆水，給它必要的時間茁長。

對待你自己也要這樣。即使有時候你感覺自己好像會永遠爛在蛹裡，實際上你正在成為你註定所是的人。你正在回歸本性，如此你才能基於本性行動，而不是遵照既定的計劃行動。你會找到破蛹的路。只要你不阻止自己蛻變，不聽隨別人的話把自己關在蛹裡。

也要記住：不再當你曾經所是的毛毛蟲，你並不因此虧欠任何人。你的蛻變，可能會激怒某些習慣用毛蟲樣子看待你的人。你的轉變可能會讓他們意識到自己的停滯。你的重生可能令他們不安，但也可能把他們從自身的睡夢中喚醒。如果他們不想醒來，或者無法理解你的轉變，那是他們的問題，不是你的錯。

向前邁步，往往要先失去平衡。葛倫儂·道爾（Glennon Doyle）寫道：「我們的來生，永遠須以此生來換。我們想真正活著，勢必會不斷失去我們方才所是的人、方才所建立的東西、方才所相信的觀念、方才所知道的事實。」[269] 任何真實的改變都需要你先死去，而後重生，並且明白死不見得是終結，死也可以是開端。

你可能還不知道，但此時此刻你的心中就存在著準備破蛹成蝶的器官芽。向你的毛蟲道謝，然後放手讓它消失。讓逝去的事物化為覺醒的養分。破蛹而出的一刻，你會看見彷彿無限的可能性。如今你有了翅膀，可以往一百萬個方向飛翔。

你可以凝視無底深淵，怕得不敢動彈。你也可以放開緊握住的過去，一下接著一下，搧動好奇的翅膀，看宇宙會導引你去向何處。

蝴蝶的希臘語是 psyche，意思是靈魂。[270] 你不會因為經歷蛻變而失去自己，你會發現你心深處的靈魂。

活得小心翼翼

你將永遠不會
面對失敗
走少有人走的道路
躍向未知
改變習慣
吃下禁果
唱歌，拉開嗓門唱
跳舞，哪怕跳得差
在雨中散步
展露你的不完美
大哭流淚
表達愛意
容許心碎

你會把牆壁刷得純白
只看向安全的路線
扼殺你最美妙的衝動
聽到召喚卻畏縮不前
說別人期待你說的話
懲罰你內心渴望玩耍的孩子

不理會自己的念頭，只因那是你的念頭
待在安全的危險裡
重複同一條路
推遲你的夢想
將自己擠進別人畫的框格
撲滅你心中燃燒的火焰
熄去眼底閃爍的光芒
每一天，削去你的一小片靈魂

小心翼翼的人生，是死去一半的人生
因為生命目的不是為了將就
是為了活著

後記

做你自己

因此我不祈求好運，

我自身就是好運。

——華特・惠特曼，《大路之歌》

你，是宇宙的物質所構成。

鐵在你的血液中流淌，鈣累積在你的骨骼裡。你腦中的碳元素，形成於億萬年前紅巨星的混沌之中。[271]

即使只看你的家族近三百年來的族譜，你會發現直系祖先有四千多人。[272] 只要抽掉其中任何一人，就不會有今天的你。

需要這麼多的天時地利人和，才造就你的存在。而此刻你正在讀這些字，更無異於一個奇蹟。

所以做你自己吧——昂首挺胸、毫不歉疚的你。

捨棄不適用於你的人事物，如此你才能發現自己。

清空你的思緒，如此你才能看見內心的智慧。

為認識自己感到開心，因為這世上只有一個你，從今往後也只有這個你。

與在你意識汪洋深處玩耍的大魚一起游泳。

聽從你的身體，前往你的思考不允許你去的地方。

欣然接受燃亮你靈魂的紫色。

於平凡中尋見不凡。

站上巨人的肩膀，然後幫助下個世代站上你的肩膀。

引導奠定你存在的那股能量。

化為只有你能創造的藝術。

不再仰望人生導師或英雄。

你就是你所等待的英雄。

蝴蝶，是你展翅飛翔的時候了。

而我則要在此告辭。

我的電量過低，天快黑了。

接下來呢？

現在你已經學到如何喚醒你的內在天賦，是時候化原則為行動了。

前往 ozanvarol.com/genius 網站，可以找到以下工具：

- 各章重點摘要。
- 學習單、問題挑戰和其他練習，協助你活用本書討論的策略。
- 每週電子報的訂閱處，我每次會分享一個三分鐘內能讀完的大發想，很多讀者形容為「我每週唯一期待的電子郵件」。

我經常巡迴世界各地，為眾多產業機構發表專題演講。貴單位若有意邀請我前往演講，請上 ozanvarol.com/speaking 了解更多資訊。

喜歡這本書的話，歡迎與朋友分享，並上網留下評論。雖然這個世界廣告與演算法當道，但書籍推廣還是常得要靠口耳相傳。思想能夠傳播，是因為有你這樣慷慨的人願意與眾分享。我衷心感謝你的支持。

謝詞

我竟然能以創作維生，透過寫作、演講、與世界分享我的理念，**感激**兩個字不足以表達我的心情。

所以，首先最重要的是，**謝謝你**閱讀、評論、分享我的書。想到你把這本書拿在手裡，我已感到無比榮幸。我每一天都珍惜這份極其珍貴的禮物，我也希望你在本書中得到一些振奮生命的收穫。

感謝我了不起的作家經紀人 Richard Pine，謝謝你支持我的作品，即使我只是剛出道作者，仍然願意給我機會，並讓我們搭乘的這艘火箭發射升空。也謝謝 InkWell 的其餘優秀夥伴，特別是 Alexis Hurley 和 Eliza Rothstein。

這是我在 PublicAffairs 出版的第二本書。謝謝我的責編 Benjamin Adams 照亮我的盲點，支持我離經叛道的想法。也謝謝我的製作編輯 Melissa Veronesi、行銷專員 Miguel Cervantes、廣告專員 Johanna Dickson，以及 Pete Garceau 為本書設計美麗的封面。

我很榮幸能與支持我的創意事業的優秀團隊共事：

Brendan Seibel 是我所有工作幕後看不見的執行幫手。Brendan，謝謝你協助我收集資料、查核事實、修訂這本書（所有疏漏都歸我）。經你之手，一切都比你看過之前好上百倍。

David Moldawer 幫助我在腦中眾多漂流的想法中篩選出珍貴的寶石，構成這本書的提案大綱。

Allison McLean 和 Elizabeth Hazelton 發揮她們的行銷宣傳天賦，放大強化我想傳達的訊息。

Brandi Bernoskie 與她的 Alchemy+Aim 團隊，為我這本書和其他事業設計了漂亮的網頁。

Chris West，我的好朋友兼創意夥伴，他和 Video Narrative 的團隊修潤我的線上敘事論述，並製作精采的影片讓我的想法變得生動鮮活。

Washington Speakers Bureau 的傑出團隊支持我的演講平臺，協助我與世界各地的聽眾建立連結。

中學時代，我跟爸爸媽媽說想當太空人，他們說：「你一定可以。」後來我說想當教授，他們也說：「你一定可以。」後來我又說打算辭去教職，當全職作家兼演講者，他們一樣說：「你一定可以。」但願每一個人都有這麼支持孩子的父母。Sizi çok seviyorum，爸、媽，我愛你們。

小時候，剛學會認字寫字不久，我常會坐在爺爺的打字機前寫故事。我深深感謝那個小男孩當初聽隨他的心，敲下一個又一個字，渾然不知道有一天那些字會通向哪裡。這本書的精髓，正來自於他的創意發想和玩心。

我家的狗，愛因斯坦和史普尼克，天天提醒我生活最重要的事，就是食物、抱抱、玩和睡覺。我很幸運能和他們分享生活，就像麥特·海格（Matt Haig）在他的多重宇宙小說《午夜圖書館》（*The Midnight Library*）寫的：「這個宇宙有狗，何必嚮往其他宇宙？」

最後，謝謝 Kathy——我的妻子、我的宇宙常數、我每一件事的夥伴。我無比感謝能和你一起走此一生。謝謝你鼓勵我、啟發我，點亮我的靈魂，使我成為更好的人。你的天賦始終不斷令我驚奇。

來源

前言

1 Zora Neale Hurston, *Dust Tracks on a Road* (New York: Harper-Collins, 2010).

第一章

2 Guy Raz, "How Do Schools Kill Creativity?," *TED Radio Hour*, October 3, 2014, www.npr.org/2014/10/03/351552772/how-do-schools-kill-creativity.

3 Gillian Lynne, *A Dancer in Wartime* (London: Vintage, 2012), 14.

4 William Poundstone, *Carl Sagan: A Life in the Cosmos* (New York: Henry Holt and Co., 1999), 12.

5 Neil Postman and Charles Weingartner, *Teaching as a Subversive Activity* (New York: Dell Publishing Co., 1969), 60.

6 Tim T. Morris, Danny Dorling, Neil M. Davies, and George Davey Smith, "Associations Between School Enjoyment at Age 6 and Later Educational Achievement: Evidence from a UK Cohort Study," *npj Science of Learning* 6, no. 1 (June 15, 2021), pubmed.ncbi.nlm.nih.gov/34131153/.

7 Postman and Weingartner, *Teaching as a Subversive Activity*, 62.

8 Richard P. Feynman, as told to Ralph Leighton, *"What Do You Care What Other People Think?" Further Adventures of a Curious Character* (New York: W. W. Norton & Co., 2001).

9 Jacob W. Getzels and Philip W. Jackson, *Creativity and Intelligence: Explorations with Gifted Students* (London: John Wiley & Sons, 1962), 31.

10 Erik L. Westby and V. L. Dawson, "Creativity: Asset or Burden in the Classroom?," *Creativity Research Journal* 8, no. 1 (1995): 1–10, www.gwern.net/docs/psychology/1995-westby.pdf.

11 Postman and Weingartner, *Teaching as a Subversive Activity*, 62.

12 Postman and Weingartner, *Teaching as a Subversive Activity*, 29.

13 Tom Peters, "Say 'No' to Normalcy," *Journal for Quality and Participation* 21, no.

3 (May/June 1998): 64, www.proquest.com/openview/30dc2926802784d40c9b3e9dac54cd13/1?pq-origsite=gscholar&cbl=37083.

14 引用於 "Modern Living: Ozmosis in Central Park," *Time*, October 4, 1976, content.time.com/time/subscriber/article/0,33009,918412,00.html.

15 David Bayles and Ted Orland, *Art and Fear: Observations on the Perils (and Rewards) of Artmaking* (Santa Cruz, CA: Image Continuum, 1993), 79.

第二章

16 Elle Luna, *The Crossroads of Should and Must: Find and Follow Your Passion* (New York: Workman Publishing Co., 2015).

17 Catrin Sian Rutland, Pia Cigler, and Valentina Kubale, "Reptilian Skin and Its Special Histological Structures," in *Veterinary Anatomy and Physiology*, edited by Catrin Sian Rutland and Valentina Kubale (London: IntechOpen, 2019), 150–152; Stephen Divers and Scott Stahl, *Mader's Reptile and Amphibian Medicine and Surgery*, 3rd ed. (St. Louis: Elsevier, 2019), 732.

18 Maranke I. Koster, "Making an Epidermis," *Annals of the New York Academy of Sciences* 1170, no. 1 (August 4, 2009): 7–10, nyaspubs.onlinelibrary.wiley.com/doi/10.1111/j.1749-6632.2009.04363.x.

19 Philip Galanes, "For Arianna Huffington and Kobe Bryant: First Success. Then Sleep," *New York Times*, September 28, 2014, www.nytimes.com/2014/09/28/fashion/arianna-huffington-kobe-bryant-meditate.html.

20 Rebecca Solnit, *A Field Guide to Getting Lost* (New York: Penguin Books, 2006).

21 E. Bruce Goldstein, *Encyclopedia of Perception* (Thousand Oaks, CA: Sage Publications, 2009), 492.

22 John A. Banas and Stephen A. Rains, "A Meta-Analysis of Research on Inoculation Theory," *Communication Monographs* 77, no. 3 (2010), nca.tandfonline.com/doi/abs/10.1080/03637751003758193#.YpwV7JDMLlw.

23 Carl R. Rogers, *On Becoming a Person: A Therapist's View of Psychotherapy* (Boston: Houghton Mifflin, 1995), 332.

24 Chip Heath and Dan Heath, *Switch: How to Change Things When Change Is Hard* (New York: Broadway Books, 2010), 208.

25 Emma Goldman, "What I Believe," *New York World*, July 19, 1908.

26 David Kortava, "Lost in Thought: The Psychological Risks of Meditation," *Harper's*, April 2021, harpers.org/archive/2021/04/lost-in-thought-psychological-risks-of-meditation/.

27 M. Farias, E. Maraldi, K. C. Wallenkampf, and G. Lucchetti, "Adverse Events in Meditation Practices and Meditation-Based Therapies: A Systematic Review,"

Acta Psychiatrica Scandinavica 142 (2020): 374–393, onlinelibrary.wiley.com/doi/full/10.1111/acps.13225.

28 F. Scott Fitzgerald, "The Crack-Up," *Esquire*, February 1, 1936, classic.esquire.com/article/1936/2/1/the-crack-up.

29 Graham M. Vaughan, "Henri Tajfel: Polish-Born British Social Psychologist," *Britannica*, April 29, 2022, www.britannica.com/biography/Henri-Tajfel.

30 Henri Tajfel, "Experiments in Intergroup Discrimination," *Scientific American* 223, no. 5 (November 1970): 96–103, www.jstor.org/stable/24927662.

31 David Foster Wallace, "Tense Present: Democracy, English, and the Wars over Usage," *Harper's*, April 2001.

32 Amy E. Boyle Johnston, "Ray Bradbury: *Fahrenheit 451* Misinterpreted," *LA Weekly*, May 30, 2007, www.laweekly.com/ray-bradbury-fahrenheit-451-misinterpreted/.

33 Elizabeth N. Simas, Scott Clifford, and Justin H. Kirkland, "How Empathic Concern Fuels Political Polarization," *American Political Science Review* 114, no. 1 (February 2020): 258–269, www.cambridge.org/core/journals/american-political-science-review/article/how-empathic-concern-fuels-political-polarization/8115DB5BDE548FF6AB04DA661F83785E.

34 David J. Lick, Adam L. Alter, and Jonathan B. Freeman, "Superior Pattern Detectors Efficiently Learn, Activate, Apply, and Update Social Stereotypes," *Journal of Experimental Psychology: General* 147, no. 2 (February 2018): 209–227, pubmed.ncbi.nlm.nih.gov/28726438/.

35 Daniel J. Isenberg, "Group Polarization: A Critical Review and Meta-Analysis," *Journal of Personality and Social Psychology* 50, no. 6 (1986): 1141–1151, psycnet.apa.org/record/1986-24477-001.

36 Susan David, "The Gift and Power of Emotional Courage," TEDWomen, November 2017, www.ted.com/talks/susan_david_the_gift_and_power_of_emotional_courage/.

37 Glen Pearson, "African Famine: 'I See You,' " *HuffPost Canada*, August 9, 2011, www.huffpost.com/archive/ca/entry/africa-famine_b_922063.

38 Pearson, "African Famine."

39 Scott Neuman, "On Anniversary of Apollo 8, How the 'Earthrise' Photo Was Made," *The Two-Way*, NPR, December 23, 2013, www .npr.org/sections/thetwo-way/2013/12/23/256605845/on-anniversary-of-apollo-8-how-the-earthrise-photo-was-made.

40 Archibald MacLeish, "Riders on Earth Together, Brothers in Eternal Cold," *New York Times*, December 25, 1968, archive.nytimes.com/www.nytimes.com/library/national/science/nasa/122568sci-nasa-macleish.html.

41 Jim Lovell, "Apollo 8 Astronaut Remembers Looking Down at Earth," Smithsonian

National Air and Space Museum, December 21, 2018, airandspace.si.edu/stories/editorial/apollo-8-astronaut-remembers-looking-down-earth.

42 "Edgar Mitchell's Strange Voyage," *People*, April 8, 1974, people .com/archive/edgar-mitchells-strange-voyage-vol-1-no-6/.

43 Pico Iyer, "Why We Travel," *Salon*, March 18, 2000, www.salon.com/2000/03/18/why/.

44 Chip Heath and Dan Heath, *Switch: How to Change Things When Change Is Hard* (New York: Broadway Books, 2010), 208.

45 Daniel M. Stancato and Dacher Keltner, "Awe, Ideological Conviction, and Perceptions of Ideological Opponents," *Emotion* 21, no. 1 (February 2021): 61–72, psycnet.apa.org/buy/2019-46364-001.

46 Jonathon McPhetres, "Oh, the Things You Don't Know: Awe Promotes Awareness of Knowledge Gaps and Science Interest," *Cognition and Emotion* 33, no. 8 (2019): 1599–1615, www.tandfonline.com/doi/full/10.1080/02699931.2019.1585331.

47 T. S. Eliot, "Little Gidding," in *Four Quartets* (New York: Harcourt Brace and Co., 1943).

第三章

48 Arthur C. Brooks, "This Holiday Season, We Can All Learn a Lesson from Beethoven," *Washington Post*, December 13, 2019, www.washingtonpost.com/opinions/this-holiday-season-we-can-all-learn-a-lesson-from-beethoven/2019/12/13/71f21aba-1d0e-11ea-b4c1-fd0d91b60d9e_story.html.

49 Maynard Solomon, *Beethoven* (New York: Schirmer, 2012).

50 Craig Wright, *The Hidden Habits of Genius: Beyond Talent, IQ, and Grit—Unlocking the Secrets of Greatness* (New York: Dey Street Books, 2020).

51 Blaise Pascal, *Pensees*, translated by Gertrude Burford Rawlings (Mount Vernon, NY: Peter Pauper Press, 1900), 65.

52 "Free Your Mind," En Vogue, *Funky Divas*, EastWest Records, 1992.

53 Clive Thompson, "End the Tyranny of 24/7 Email," *New York Times*, August 28, 2014, www.nytimes.com/2014/08/29/opinion/end-the-tyranny-of-24-7-email.html.

54 Nicholas Carr, *The Shallows: What the Internet Is Doing to Our Brains* (New York: W. W. Norton & Co., 2010), 120.

55 Herbert A. Simon, "Designing Organizations for an Information-Rich World," *Computers, Communication, and the Public Interest*, edited by Martin Greenberger (Baltimore: Johns Hopkins University Press, 1971), 40.

56 Melina R. Uncapher and Anthony D. Wagner, "Minds and Brains of Media Multitaskers: Current Findings and Future Directions," *Proceedings of the National*

Academy of Sciences 115, no. 40 (October 1, 2018): 9889–9896, www.pnas.org/doi/full/10.1073/pnas.1611612115.

57 Kermit Pattison, "Worker, Interrupted: The Cost of Task Switching," *Fast Company*, July 28, 2008, www.fastcompany.com/944128/worker-interrupted-cost-task-switching.

58 Statista, "Daily Time Spent on Social Networking by Internet Users Worldwide from 2012 to 2022," March 21, 2022, www.statista.com/statistics/433871/daily-social-media-usage-worldwide/.

59 Marc Brysbaert, "How Many Words Do We Read per Minute? A Review and Meta-Analysis of Reading Rate," *Journal of Memory and Language* 109 (December 2019), www.sciencedirect.com/science/article/abs/pii/S0749596X19300786.

60 Robert A. Heinlein, *Stranger in a Strange Land* (New York: Ace Books, 1987), 98.

61 Oliver Burkeman, "Treat Your To-Read Pile Like a River, Not a Bucket," www.oliverburkeman.com/river.

62 Chip Heath and Dan Heath, *Decisive: How to Make Better Choices in Life and Work* (New York: Currency, 2013); Amar Cheema and Dilip Soman, "The Effect of Partitions on Controlling Consumption," *Journal of Marketing Research* 45, no. 6 (December 2008): 665–675, www.jstor.org/stable/20618855.

63 Marcia Reynolds, "Zebras and Lions in the Workplace: An Interview with Dr. Robert Sapolsky," *International Journal of Coaching in Organizations* 4, no. 2 (2006): 7–15, libraryofprofessionalcoaching.com/concepts/managing-stress-and-challenges/zebras-and-lions-in-the-workplace-an-interview-with-dr-robert-sapolsky/.

64 Rosamund Stone Zander and Benjamin Zander, *The Art of Possibility: Transforming Professional and Personal Life* (Boston: Harvard Business School Press, 2000), 177.

65 Tim Ferriss, *The 4-Hour Work Week: Escape the 9–5, Live Anywhere, and Join the New Rich* (New York: Crown, 2009), 70.

66 Jia Tolentino, *Trick Mirror: Reflections on Self-Delusion* (New York: Random House, 2020), 66–67.

67 Pamela Rothon, "A Conversation with Corita Kent," *American Way* 3, no. 11 (November 1970): 7–14.

第四章

68 Brene Brown, *Braving the Wilderness: The Quest for True Belonging and the Courage to Stand Alone* (New York: Random House, 2019), 160.

69 現實和好萊塢描繪的稍有不同。凱許先是在太陽唱片門口驚豔山姆．菲利普，獨自接受第一次試鏡後，受邀與伴奏樂團回來二次試鏡。菲利普聽完樂團表演福音歌，否決用福音歌樂團包裝他們的構想，要他們找到新材料再回來。下一次試鏡，凱許終於唱了《佛森監獄藍調》。Colin Escott with Martin

Hawkins, *Good Rockin' Tonight: Sun Records and the Birth of Rock 'n' Roll* (New York: Open Road Integrated Media, 2011).

70 *Walk the Line*, screenplay by Gill Dennis and James Mangold, directed by James Mangold (20th Century Fox, 2005).

71 Robert L. Doerschuk, "One Vision Beyond Music: On Simplicity, Context, and the Necessity of Urgency," *Keyboard*, June 1989.

72 Bruce Springsteen, *Born to Run* (New York: Simon & Schuster, 2017), 166.

73 David Rubenstein, "Oprah Winfrey," *The David Rubenstein Show: Peer to Peer Conversations*, March 1, 2017, www.bloomberg.com/news/videos/2017-03-01/the-david-rubenstein-show-oprah-winfrey?srnd=peer-to-peer.

74 Jane L. Levere, "Airline Safety Videos That Passengers Might Watch," *Seattle Times*, January 31, 2014, www.seattletimes.com/life/travel/airline-safety-videos-that-passengers-might-watch/.

75 Paula Caligiuri, "When Unilever Bought Ben & Jerry's: A Story of CEO Adaptability," *Fast Company*, August 14, 2012, www.fastcompany.com/3000398/when-unilever-bought-ben-jerrys-story-ceo-adaptability.

76 Nick Craig, *Leading from Purpose: Clarity and the Confidence to Act When It Matters Most* (New York: Hachette Book Group, 2018).

77 "Nick Craig on Leading from Purpose," *Purpose and Profit with Kathy Varol* (audio Podcast), June 9, 2021, purposeandprofit.libsyn .com/5-nick-craig-on-leading-from-purpose; Nick Craig, "Do You Lead with Purpose?," Knowledge at Wharton, September 26, 2018, knowledge.wharton.upenn.edu/article/do-you-lead-with-purpose/.

78 企業開發出獨特產品的其他例子，見Seth Godin, *Purple Cow: Transform Your Business by Being Remarkable* (New York: Portfolio, 2009).

79 Cameron Crowe, "Joni Mitchell Defends Herself," *Rolling Stone*, July 26, 1979, www.rollingstone.com/feature/joni-mitchell-defends-herself-61890/.

80 Laura Shapiro, *Something from the Oven: Reinventing Dinner in 1950s America* (New York: Viking, 2004).

81 Claudia H. Deutsch, "At Kodak, Some Old Things Are New Again," *New York Times*, May 2, 2008, www.nytimes.com/2008/05/02/technology/02kodak.html.

82 Rupert Neate, "Kodak to Stop Making Cameras," *Guardian*, February 9, 2012, www.theguardian.com/business/2012/feb/09/kodak-to-stop-making-cameras.

83 富士軟片的故事根據以下資料來源：Christopher Sirk, "Fujifilm Found a Way to Innovate and Survive Digital. Why Didn't Kodak?," CRM.ORG, September 17, 2020, crm.org/articles/fujifilm-found-a-way-to-innovate-and-survive-digital-why-didnt-kodak; Ushijima Bifue, "Fujifilm Finds New Life in Cosmetics," nippon.com, April 25, 2013, www.nippon.com/en/features/c00511/; Aidan McCullen, *Undisruptable: A*

Mindset of Permanent Reinvention for Individuals, Organisations, and Life (Chichester, UK: Wiley, 2021).

84 Richard Nieva, "YouTube Started as an Online Dating Site," CNET, March 14, 2016, www.cnet.com/tech/services-and-software/youtube-started-as-an-online-dating-site/.

85 Ankit Ajmera, "Slack Reference Price for Direct Listing Set at $26/Share," Reuters, June 19, 2019, www.reuters.com/article/us-slack-listing-reference-price/slack-reference-price-for-direct-listing-set-at-26-share-idUSKCN1TK31V?il=0; Haidee Chu, " 'Glitch' Died so Slack Could Take over Offices Everywhere, but Traces of the Game Live On," *Mashable*, February 25, 2020, mashable.com/article/slack-glitch.

86 Ciaran O Murchadha, *The Great Famine: Ireland's Agony 1845–1852* (London: Continuum International Publishing, 2011).

87 Ann Gibbons, "The Great Famine: Decoded," *Science*, May 21, 2013, www.science.org/content/article/great-famine-decoded.

88 George Stroumboulopoulos, "Interview with BlackBerry Co-CEO Jim Balsillie," *The Hour*, CBC, April 1, 2008, www.youtube.com/watch?v=wQRcEObmSRM.

89 Adam Grant, *Think Again: The Power of Knowing What You Don't Know* (New York: Viking, 2021), 16.

90 George Parker, "Xerox Was Actually First to Invent the PC, They Just Forgot to Do Anything with It," *Business Insider*, February 29, 2012, www.businessinsider.com/xerox-was-actually-first-to-invent-the-pc-they-just-forgot-to-do-anything-with-it-2012-2.

91 Francois Jacob, "Evolution and Tinkering," *Science* 196, no. 4295 (June 10, 1977): 1163, DOI: 10.1126/science.860134.

92 Robert Root-Bernstein et al., "Arts Foster Scientific Success: Avocations of Nobel, National Academy, Royal Society, and Sigma Xi Members," *Journal of Psychology of Science and Technology* 1, no. 2 (October 2008): 53.

93 Tom Bilyeu, "Amelia Boone: How to Cultivate Mental Toughness," Impact Theory, March 7, 2017, impacttheory.com/episode/amelia-boone/.

94 Thomas C. Hayes, "Walker Balances Bulk with Ballet," *New York Times*, April 11, 1988, www.nytimes.com/1988/04/11/sports/walker-balances-bulk-with-ballet.html.

第五章

95 故事根據以下資料來源：Judy Klemesrud, " 'Rocky Isn't Based on Me,' Says Stallone, 'But We Both Went the Distance,' " *New York Times*, November 28, 1976, www.nytimes.com/1976/11/28/archives/rocky-isnt-based-on-me-says-stallone-but-we-both-went-the-distance.html; Josh Cornfield, "Rocky's Muse: Boxer Who Inspired Stallone Gets His Moment," Associated Press, May 4, 2017, apnews.com/article/c32bbd68efbf4a2987719eb6a32bcff4; "*Rocky*: Video Commentary with Sylvester Stallone,"

produced by Jennifer Peterson and Mark Rance (MGM Home Video, 2000), www.youtube.com/watch?v=TBjKQi5c_As.

96 Robert Krulwich, "How Do Plants Know Which Way Is Up and Which Way Is Down?," *Krulwich Wonders*, NPR, June 22, 2012, www.npr.org/sections/krulwich/2012/06/21/155508849/how-do-plants-know-which-way-is-up-and-which-way-is-down.

97 Gil Bailie, *Violence Unveiled: Humanity at the Crossroads* (New York: Crossroad Publishing Co., 1997), xv.

98 Lizzo, "Juice," *Cuz I Love You* (2019): "If I'm shinin', everybody gonna shine."

99 Bruce McClure and Deborah Byrd, "Gamma Cephei, aka Errai, a Future North Star," EarthSky, September 22, 2021, earthsky.org/brightest-stars/gamma-cephei-errai-future-north-star/.

100 Jim Carrey, commencement address, Maharishi International University, Fairfield, Iowa, May 24, 2014, www.miu.edu/graduation-2014.

101 Boyd Varty, *The Lion Tracker's Guide to Life* (Boston: Houghton Mifflin Harcourt, 2019).

102 Jocelyn Hoppa, *Isaac Asimov: Science Fiction Trailblazer* (Berkeley Heights, NJ: Enslow Publishers, 2009), 8.

103 Seth Godin, "And Maybe It's Enough," Seth's Blog, April 6, 2022, seths.blog/2022/04/and-maybe-its-enough/.

104 Robert I. Sutton, "Kurt Vonnegut on 'Having Enough': A Reminder from the No Asshole Rule," *Fast Company*, March 10, 2011, www.fastcompany.com/1737273/kurt-vonnnegut-having-enough-reminder-no-asshole-rule.

105 Max Kutner, "How to Game the College Rankings," *Boston*, August 26, 2014, www.bostonmagazine.com/news/2014/08/26/how-northeastern-gamed-the-college-rankings/.

106 Luxi Shen and Christopher K. Hsee, "Numerical Nudging: Using an Accelerating Score to Enhance Performance," *Psychological Science* 28, no. 8 (June 30, 2017): 1077–1086, journals.sagepub.com/doi/abs/10.1177/0956797617700497.

107 Bethany McLean, "How Wells Fargo's Cutthroat Corporate Culture Allegedly Drove Bankers to Fraud," *Vanity Fair*, May 31, 2017, www.vanityfair.com/news/2017/05/wells-fargo-corporate-culture-fraud.

108 Nicholas Iovino, "$480M Wells Fargo Shareholder Settlement Approved," *Courthouse News Service*, December 18, 2018, www.courthousenews.com/480m-wells-fargo-shareholder-settlement-approved/.

第六章

109 John F. Kennedy, commencement address, Yale University, June 11, 1962, www.jfklibrary.org/about-us/about-the-jfk-library/kennedy-library-fast-facts/rededication-film-quote.

110 Glennon Doyle, *Untamed* (New York: Dial Press, 2020), 55.

111 David Lynch, *Catching the Big Fish: Meditation, Consciousness, and Creativity* (New York: Jeremy P. Tarcher/Perigee, 2007), 1.

112 「abracadabra」源自亞蘭語「*avra kehdabra*」，這是其中一個可能的意思。Lawrence Kushner, *The Book of Words: Talking Spiritual Life, Living Spiritual Talk* (Woodstock, VT: Jewish Lights Publishing, 2011), 11.

113 Nana Ariel, "Talking Out Loud to Yourself Is a Technology for Thinking," *Psyche*, December 23, 2020, psyche.co/ideas/talking-out-loud-to-yourself-is-a-technology-for-thinking.

114 Julia Cameron, *The Artist's Way: A Spiritual Path to Higher Creativity* (New York: Jeremy P. Tarcher/Putnam, 1992).

115 關於戰術拖延，更多說明可見Adam Grant, "Why I Taught Myself to Procrastinate," *New York Times*, January 16, 2016.

116 Gerry Leisman et al., "Thinking, Walking, Talking: Integratory Motor and Cognitive Brain Function," *Frontiers in Public Health* 4 (May 25, 2016): 94, www.ncbi.nlm.nih.gov/pmc/articles/PMC4879139/.

117 Marily Oppezzo and Daniel L. Schwartz, "Give Your Ideas Some Legs: The Positive Effect of Walking on Creative Thinking," *Journal of Experimental Psychology: Learning, Memory, and Cognition* 40, no. 4 (2014): 1142–1152.

118 "Quentin Tarantino," *The Joe Rogan Experience*, June 29, 2021, open.spotify.com/episode/5cdu4y60lq6QXyUbhMpVWH.

119 William Poundstone, *Carl Sagan: A Life in the Cosmos* (New York: Henry Holt and Co., 1999), 104.

120 Charles J. Limb and Allen R. Braun, "Neural Substrates of Spontaneous Musical Performance: An fMRI Study of Jazz Improvisation," *PLoS ONE* 3, no. 2 (February 27, 2008): e1679, journals.plos.org/plosone/article?id=10.1371/journal.pone.0001679.

121 Guy Raz, "What Does a Creative Brain Look Like?," *TED Radio Hour*, October 3, 2014, www.npr.org/transcripts/351549673.

122 Ellen M. Calder, "Personal Recollections of Walt Whitman," *Atlantic Monthly*, June 1907, www.theatlantic.com/past/docs/issues/07jun/recollections.htm.

123 Chip Heath and Dan Heath, *Decisive: How to Make Better Choices in Life and Work* (New York: Currency, 2013).

124 David Robson, "A Brief History of the Brain," *New Scientist*, September 21, 2011, www.newscientist.com/article/mg21128311-800-a-brief-history-of-the-brain/.

125 牛頓的故事根據以下來源：Thomas Levenson, "The Truth About Isaac Newton's Productive Plague," *New Yorker*, April 6, 2020, www.newyorker.com/culture/cultural-comment/the-truth-about-isaac-newtons-productive-plague; Ada Palmer, "Self-Care &

Healthy Work Habits for the Pandemic," *Ex Urbe*, July 30, 2020, www.exurbe.com/self-care-healthy-work-habits-for-the-pandemic/.

126 Isaac Newton, letter to Robert Hooke, February 5, 1675, in *The Correspondence of Isaac Newton: 1661–1675*, vol. 1, edited by H. W. Turnbull (London: Cambridge University Press, 1959), 416.

127 法庭的比喻靈感來自與Olivier Sibony的對談：Bill Huyett and Tim Koller, "How CFOs Can Keep Strategic Decisions on Track," McKinsey & Company, February 1, 2011, www.mckinsey.com/business-functions/strategy-and-corporate-finance/our-insights/how-cfos-can-keep-strategic-decisions-on-track.

128 Reed Hastings, "Reed Hastings on Netflix's Biggest Mistake," *Forbes*, September 11, 2020, www.forbes.com/sites/forbesdigitalcovers/2020/09/11/reed-hastings-no-rules-rules-book-excerpt-netflix-biggest-mistake/?sh=5e0d0b0332d9.

129 Hastings, "Reed Hastings on Netflix's Biggest Mistake."

130 Hastings, "Reed Hastings on Netflix's Biggest Mistake."

131 Reed Hastings, "How Netflix Changed Entertainment—and Where It's Headed," TED Talk, April 2018, www.ted.com/talks/reed_hastings_how_netflix_changed_entertainment_and_where_it_s_headed/.

132 Mark Harris, *Mike Nichols: A Life* (New York: Penguin Books, 2022), 369, 435.

第七章

133 R.E.M.的故事根據以下來源：Kory Grown, "R.E.M. Reflect on 'Radical' *Out of Time* LP," *Rolling Stone*, November 21, 2016, www.rollingstone.com/feature/rem-losing-my-religion-out-of-time-album-124296/; Hrishikesh Hirway, "R.E.M.—Losing My Religion," *Song Exploder: How Music Gets Made* (Netflix, 2020), www.netflix.com/watch/81025976.

134 譯註：沙盒（sandbox game）是電子遊戲的一種類型，玩家可以自由探索遊戲地圖，合成、創造地圖中的物件，與遊戲環境互動性強。例如《Minecraft》就是經典的沙盒遊戲。

135 Hirway, "R.E.M."

136 Brooke N. Macnamara et al., "Deliberate Practice and Performance in Music, Games, Sports, Education, and Professions: A Meta-Analysis," *Psychological Science* 25, no. 8 (August 2014): 1608–1618.

137 Henry Ford and Samuel Crowther, *My Life and Work* (Garden City, NY: Doubleday, Page & Co., 1922), 92.

138 Daniel H. Pink, *A Whole New Mind: Why Right-Brainers Will Rule the Future* (New York: Riverhead Books, 2005), 187.

139 Lawrence Pearsall Jacks, *Education Through Recreation* (New York: Harper & Brothers,

1932).

140 Atul Gawande, *The Checklist Manifesto: How to Get Things Right* (New York: Picador, 2011).

141 Rene Proyer and Willibald Ruch, "The Virtuousness of Adult Playfulness: The Relation of Playfulness with Strengths of Character," *Psychology of Well-Being Theory Research and Practice* 1, no. 1 (January 2011), DOI:10.1186/2211-1522-1-4.

142 Alice Isen, Mitzi M. S. Johnson, Elizabeth Mertz, Gregory F. Robinson, "The Influence of Positive Affect on the Unusualness of Word Associations," *Journal of Personality and Social Psychology* 48, no. 6 (June 1985): 1413–1426, DOI:10.1037//0022-3514.48.6.1413.

143 Alice Isen, Kimberly A. Daubman, and Gary P. Nowicki, "Positive Affect Facilitates Creative Problem Solving," *Journal of Personality and Social Psychology* 52, no. 6 (1987): 1122–1131, https://psycnet.apa.org/doiLanding?doi=10.1037%2F0022-3514.52.6.1122.

144 Oliver Burkeman, "How Pixar Conquered the Planet," *Guardian*, November 12, 2004, www.theguardian.com/film/2004/nov/12/3.

145 Megan McArthur, "A NASA Astronaut's Lessons on Fear, Confidence, and Preparing for Spaceflight," TED Talk, November 2020, www.ted.com/talks/megan_mcarthur_a_nasa_astronaut_s_lessons_on_fear_confidence_and_preparing_for_spaceflight/.

146 Kory Grow, "R.E.M. Reflect on 'Radical' *Out of Time* LP," *Rolling Stone*, November 21, 2016, www.rollingstone.com/feature/rem-losing-my-religion-out-of-time-album-124296/.

147 Richard P. Feynman and Ralph Leighton, *"Surely You're Joking, Mr. Feynman!": Adventures of a Curious Character* (New York: W. W. Norton, 1985).

148 Michael T. Ghiselin, "Perspective: Darwin, Progress, and Economic Principles," *Evolution* 49, no. 6 (December 1995): 1029–1037, www.jstor.org/stable/2410428.

149 Amy Stewart, "Talking with Elizabeth Gilbert About Her Novel of Botanical Exploration," *Garden Rant*, October 2, 2013, gardenrant.com/2013/10/elizabeth-gilberts-novel-of-botanical-exploration.html.

150 Aaron Sorkin, "Aaron Sorkin Teaches Screenwriting," Master-Class, www.masterclass.com/classes/aaron-sorkin-teaches-screenwriting.

151 Chip Heath and Dan Heath, *Decisive: How to Make Better Choices in Life and Work* (New York: Currency, 2013); Stuart Brown with Christopher Vaughan, *Play: How It Shapes the Brain, Opens the Imagination, and Invigorates the Soul* (New York: Penguin/Avery, 2009), 131–132.

152 Vanessa Van Edwards, "Priming Psychology: How to Get People to Do What You Want," Science of People, www.scienceofpeople.com/priming-psychology/.

153 Chip Heath and Dan Heath, *Switch: How to Change Things When Change Is Hard* (London: Random House Business Books, 2011), 157.

第八章

154 Stephen King, *On Writing: A Memoir of the Craft* (New York: Pocket Books, 2002), 9–16.

155 Emma Kelly, "15 Books You Didn't Know Stephen King Wrote," *Newsweek*, April 22, 2021, www.newsweek.com/stephen-king-novels-you-didnt-know-he-wrote-1584233.

156 Arthur Schopenhauer, *Parerga and Paralipomena*, vol. 2, *Short Philosophical Essays*, translated by Adrian Del Caro (Cambridge: Cambridge University Press, 2015).

157 *Rocketman*, screenplay by Lee Hall, directed by Dexter Fletcher (Paramount Pictures/New Republic Pictures, 2019).

158 Clare O'Connor, "How Sara Blakely of Spanx Turned $5,000 into $1 billion," *Forbes*, March 14, 2012, www.forbes.com/global/2012/0326/billionaires-12-feature-united-states-spanx-sara-blakely-american-booty.html?sh=650816f37ea0.

159 Sara Blakely, "I Never Had a Business Plan" (Instagram post), July 20, 2020, www.instagram.com/p/CC3SpZGASE_/.

160 Kevin Kelly, "68 Bits of Unsolicited Advice," Technium, April 28, 2020, kk.org/thetechnium/68-bits-of-unsolicited-advice/.

161 Philip Glass, *Words Without Music: A Memoir* (New York: Liveright Publishing Co., 2016).

162 William Goldman, *Adventures in the Screen Trade: A Personal View of Hollywood and Screenwriting* (New York: Grand Central Publishing, 2012).

163 Ignaz Philipp Semmelweis, *The Etiology, Concept, and Prophylaxis of Childbed Fever*, translated by K. Codell Carter (Madison: University of Wisconsin Press, 1983).

164 Nahlah Ayed, "The Dirt on Handwashing: The Tragic Death Behind a Life-Saving Act," CBC Radio, May 28, 2020, www.cbc.ca/radio/ideas/the-dirt-on-handwashing-the-tragic-death-behind-a-life-saving-act-1.5587319.

165 Nicholas P. Leveillee, "Copernicus, Galileo, and the Church: Science in a Religious World," *Inquiries* 3, no. 05 (2011), www.inquiriesjournal.com/articles/1675/copernicus-galileo-and-the-church-science-in-a-religious-world.

166 Christopher Graney, "The Inquisition on Copernicus, February 24, 1616: A Little Story About Punctuation," Vatican Observatory, February 24, 2016, www.vaticanobservatory.org/sacred-space-astronomy/139212-2/.

167 King, *On Writing*, 184.

168 Rufus W. Griswold (unsigned), untitled review of *Leaves of Grass*, *Criterion*, November 10, 1855.

169 "*Leaves of Grass*," *New York Daily Times*, November 13, 1856.

170 Elizabeth Gilbert, *Big Magic: Creative Living Beyond Fear* (New York: Riverhead Books, 2015), 125.

171 Lao-tzu, *Tao Te Ching*, translated by Stephen Mitchell (New York: Harper Perennial Modern Classics, 2006).

172 Bob Ross, "Happy Accident," *The Joy of Painting*, March 25, 1987.

173 Dean Keith Simonton, "Creativity as Heroic: Risk, Success, Failure, and Acclaim," in *Creative Action in Organizations: Ivory Tower Visions and Real World Voices*, edited by Cameron M. Ford and Dennis A. Gioia (Thousand Oaks, CA: Sage Publications, 1995), 88.

174 Gary Kauffman, "Babe Ruth Would Now Be Listed as a Contact Hitter," How They Play, May 27, 2022, howtheyplay.com/team-sports/strikeouts-have-skyrocketed-since-Babe-Ruth.

175 Josh Waitzkin, *The Art of Learning: An Inner Journey to Optimal Performance* (New York: Free Press, 2008), 113.

176 Rudy Francisco, "Most of What I Know," *I'll Fly Away* (Minneapolis: Button Poetry, 2020): "The ground has taught me / more about flight/ than the sky ever could."

177 Alysa Landry, "Navajo Weaver Shares Story with Authentic Rugs," *Native Times*, March 16, 2009, www.nativetimes.com/archives/22/1217-navajo-weaver-shares-story-with-authentic-rugs.

178 Jason Fried, "A Mistake Is Just a Moment in Time," Signal Voise, September 10, 2016, m.signalvnoise.com/a-mistake-is-just-a-moment-in-time/.

179 The story about Jerry Seinfeld is based on the following sources: ichael Neill and Michael Alexander, "Success Was a Shore Thing Once erry Seinfeld Stuck to Being a Stand-Up Kind of Guy," *People*, September
5, 1988; Steven Rea, "Jerry Seinfeld's True Comedy," *Entertainment eekly*, March 1, 1991.

180 Lionel Messi, "Adidas: Overnight Success," Adidas commercial (2012), vimeo.com/44340483.

181 Steve Martin, *Born Standing Up: A Comic's Life* (New York: Scribner, 2007), 1.

182 Mark Harris, *Mike Nichols: A Life* (New York: Penguin Books, 2022), 531.

183 Tim Ferriss, *Tribe of Mentors: Short Life Advice from the Best in the World* (Harper Business: New York, 2017).

184 Seth Godin, *Permission Marketing: Turning Strangers into Friends and Friends into Customers* (New York: Simon & Schuster, 1999).

第九章

185 Jacob Margolis, "How a Tweet About the Mars Rover Dying Blew Up on the Internet

and Made People Cry," *LAist*, February 16, 2019, laist.com/news/jpl-mars-rover-opportunity-battery-is-low-and-its-getting-dark.

186 Chuck Palahniuk, *Lullaby* (New York: Anchor Books, 2003), 18–19.

187 Soroush Vosoughi, Deb Roy, and Sinan Aral, "The Spread of True and False News Online," *Science* 359, no. 6380 (March 9, 2018): 1146–1151, www.science.org/doi/10.1126/science.aap9559.

188 Jonathan Swift, "The Art of Political Lying," *Examiner*, November 9, 1710.

189 Alex Mayyasi and Priceonomics, "Why Cereal Has Such AggressiveMarketing," *Atlantic*, June 16, 2016, www.theatlantic.com/business/archive/2016/06/how-marketers-invented-the-modern-version-of-breakfast/487130/.

190 John Harvey Kellogg, *Plain Facts for Old and Young* (Battle Creek, MI: J. H. Kellogg, MD, 1881).

191 Loren K. Ammerman, Christine L. Hice, and David J. Schmidly, *Bats of Texas* (College Station: Texas A&M University Press, 2011), 18.

192 Robynne Boyd, "Do People Only Use 10 Percent of Their Brains?," *Scientific American*, February 7, 2008, www.scientificamerican.com/article/do-people-only-use-10-percent-of-their-brains/.

193 Shuang Rong et al., "Association of Skipping Breakfast with Cardiovascular and All-Cause Mortality," *Journal of the American College of Cardiology* 73, no. 16 (April 30, 2019): 2025–2032, pubmed.ncbi.nlm.nih.gov/31023424/.

194 Elizabeth Pratt, "Eating Breakfast Every Morning May Be Better for Your Heart," *Healthline*, April 23, 2019, www.healthline.com/health-news/skipping-breakfasts-raises-your-risk-of-cardiovascular-disease.

195 Ryan W. Miller, "Eating Breakfast? Skipping a Morning Meal Has Higher Risk of Heart-Related Death, Study Says," *USA Today*, April 23, 2019, www.usatoday.com/story/news/health/2019/04/23/skipping-breakfast-tied-higher-risk-heart-disease-death-study/3547295002/.

196 Shelly Insheiwat, "Study: Skipping Breakfast Increases Risk of Heart Disease Mortality by 87 Percent," FOX 11 Los Angeles, April 23, 2019, www.foxla.com/news/study-skipping-breakfast-increases-risk-of-heart-disease-mortality-by-87-percent.

197 E. J. Mundell, "Skipping Breakfast a Bad Move for Your Heart?," WebMD, April 23, 2019, www.webmd.com/heart/news/20190423/skipping-breakfast-a-bad-move-for-your-heart.

198 Tyler Vigen, "Spurious Correlations," https://tylervigen.com/spurious-correlations.

199 Peter Attia, "The Bad Science Behind 'Skipping Breakfast,' " Peter Attia, MD, May 12, 2019, peterattiamd.com/skipping-breakfast/.

200 George Plimpton, "Ernest Hemingway, The Art of Fiction No. 21," *Paris Review* 18

(Spring 1958), www.theparisreview.org/interviews/4825/the-art-of-fiction-no-21-ernest-hemingway.

201 Richard P. Feynman, "What Is and What Should Be the Role of Scientific Culture in Modern Society," in *The Pleasure of Finding Things Out: The Best Short Works of Richard P. Feynman* (New York: Basic Books, 1999), 111.

202 Matt Preuss, "Investor Letter: Enron—Ask Why," Visible, April 27, 2016, visible.vc/blog/investor-letter-enron-ask-why/.

203 "Why We Praise Meaningless Jargon and Fail to Realize the Emperor Has No Clothes," Farnam Street, fs.blog/the-emperor-has-no-clothes/.

204 Peter Whoriskey, "As Drug Industry's Influence over Research Grows, so Does the Potential for Bias," *Washington Post*, November 24, 2012, www.washingtonpost.com/business/economy/as-drug-industrys-influence-over-research-grows-so-does-the-potential-for-bias/2012/11/24/bb64d596-1264-11e2-be82-c3411b7680a9_story.html.

205 Stephan Guyenet, "Conflict of Interest," *Whole Health Source*, August 28, 2008, wholehealthsource.blogspot.com/2008/08/conflict-of-interest.html.

206 Upton Sinclair, *I, Candidate for Governor: And How I Got Licked* (Berkeley: University of California Press, 1994), 109.

207 關於絕對風險和相對風險，更多可見Peter Attia, "Studying Studies: Part I—Relative Risk vs. Absolute Risk," Peter Attia, MD, January 8, 2018, peterattiamd.com/ns001/.

208 Mark Twain, *Chapters from My Autobiography*, serialized in *North American Review* (September 1906–December 1907). Twain attributes the comment to British prime minister Benjamin Disraeli.

209 "Blowing Smoke: Vintage Ads of Doctors Endorsing Tobacco," *CBS News*, March 7, 2012, www.cbsnews.com/pictures/blowing-smoke-vintage-ads-of-doctors-endorsing-tobacco/.

210 Ayelet Waldman, *A Really Good Day: How Microdosing Made a Mega Difference in My Mood, My Marriage, and My Life* (New York: Alfred A. Knopf, 2017).

211 Richard Conniff, "When Continental Drift Was Considered Pseudoscience," *Smithsonian*, June 2012, www.smithsonianmag.com/science-nature/when-continental-drift-was-considered-pseudoscience-90353214/.

212 Rollin T. Chamberlin, "Some of the Objections to Wegener's Theory," *Theory of Continental Drift; a Symposium on the Origin and Movement of Land Masses, Both Inter-continental and Intra-continental, as Proposed by Alfred Wegener* (Tulsa: American Association of Petroleum Geologists, 1928), 87.

213 Lisa Florman, *Concerning the Spiritual—and the Concrete—in Kandinsky's Art* (Stanford, CA: Stanford University Press, 2014), 33.

214 Carl Sagan, *Broca's Brain: Reflections on the Romance of Science* (New York: Random House, 1979), 15.

215 Joseph McClain, "Feynman's Advice to W&M Student Resonates 45 Years Later," *W&M News*, September 9, 2020, www.wm.edu/news/stories/2020/feynmans-advice-to-wm-student-resonates-45-years-later.php.

216 Richard Feynman. "What Is Science?," presented at the 15th annual meeting of the National Science Teachers Association, New York, 1966, www.feynman.com/science/what-is-science/.

217 Julia A. Minson, Nicole E. Ruedy, and Maurice E. Schweitzer, "There Is Such a Thing as a Stupid Question: Question Disclosure in Strategic Communication," *Advances in Consumer Research* 40 (2012): 271–275, www.acrwebsite.org/volumes/1012889/volumes/v40/NA-40.

218 Werner Heisenberg, *Physics and Philosophy: The Revolution in Modern Science* (London: Penguin Books, 2000), 25.

219 Neil Postman and Charles Weingartner, *Teaching as a Subversive Activity* (New York: Dell Publishing, 1969).

220 Tim Ferriss, *Tools of Titans: The Tactics, Routines, and Habits of Billionaires, Icons, and World-Class Performers* (Boston: Mariner Books, 2016).

221 Isaac Asimov, *It's Been a Good Life*, edited by Janet Jeppson Asimov (Amherst, NY: Prometheus Books, 2002), 259.

第十章

222 譯註：德國劇作家布萊希特創作的劇本，敘述伽利略的天文發現觸怒教廷的故事，探討科學家的社會責任。

223 譯註：出自里爾克《給青年詩人的信》第四封信。譯文一部份參考《里爾克書信集》（桂冠，2001，頁22）李魁賢先生的翻譯。

224 譯註：IN-Q本名亞當．舒馬赫茲（Adam Schmalholz），加州洛杉磯出身的詩歌詞曲創作者。

225 Clifton Pollard的相關故事乃根據以下來源：*Breslin and Hamill: Deadline Artists*, HBO documentary, 2018; Jimmy Breslin, "Digging JFK Grave Was His Honor," *New York Herald Tribune*,November 26, 1963, www.newsday.com/opinion/digging-jfk-grave-was-his-honor-jimmy-breslin-1.6481560; Kat Eschner, "The Man Who Dug JFK's Grave, Twice," *Smithsonian*, March 14, 2017, www.smithsonianmag.com/smart-news/man-who-dug-jfks-grave-twice-180962457/.

226 Arthur Schopenhauer, *The World as Will and Representation*, vol. 2, translated by E. F. J. Payne (New York: Dover Publications, 1966), 391.

227 Marnie Hunter, "Happy Anniversary, Wheeled Luggage!," CNN, October 4, 2010,

www.cnn.com/2010/TRAVEL/10/04/wheeled.luggage.anniversary/index.html.

228 Reed Hastings, as told to Amy Zipkin, "Out of Africa, onto the Web," *New York Times*, December 17, 2006, www.nytimes.com/2006/12/17/jobs/17boss.html.

229 Salvador Dali, "Photography, Pure Creation of the Mind," *L'Amic de les Arts* 18 (September 30, 1927): 90–91.

230 Alexandra Alter, "Best Sellers Sell the Best Because They're Best Sellers," *New York Times*, September 19, 2020, www.nytimes.com/2020/09/19/books/penguin-random-house-madeline-mcintosh.html.

231 Russell Smith, "How Algorithms Are Changing What We Read Online," *The Walrus*, September 8, 2020, thewalrus.ca/how-algorithms-are-changing-what-we-read-online/.

232 John Herrman, "What if Instagram Got Rid of Likes?," *New York Times*, May 31, 2019, www.nytimes.com/2019/05/31/style/are-likes-and-followers-the-problem-with-social-media.html.

233 Rebekah Scanlan, "Crying Influencer Slammed After Instagram Meltdown," *NZ Herald*, July 23, 2019, www.nzherald.co.nz/lifestyle/crying-influencer-slammed-after-instagram-meltdown/IFCLY7BFDD4NBHOC3GF447PUW4/.

234 Kurt Schlosser, "Instagram Surpasses 500 Million Users—95 Million Photos and Videos Shared Daily," *GeekWire*, July 21, 2016, www.geekwire.com/2016/instagram-500-million-users/; Raffi Krikorian, "New Tweets per Second Record, and How!," Twitter engineering blog, August 16, 2013, blog.twitter.com/engineering/en_us/a/2013/new-tweets-per-second-record-and-how.

235 Jeff Haden, "20 Years Ago, Jeff Bezos Said This 1 Thing Separates People Who Achieve Lasting Success from Those Who Don't," *Inc.*,November 6, 2017, www.inc.com/jeff-haden/20-years-ago-jeff-bezos-said-this-1-thing-separates-people-who-achieve-lasting-success-from-those-who-dont.html.

236 Kimberly Adams, "US Users Are Leaving Facebook by the Millions, Edison Research Says," *Marketplace*, March 6, 2019, www.marketplace.org/2019/03/06/tech/exclusive-look-numbers-showing-users-leaving-facebook-by-the-millions/.

237 Jim Jarmusch, "Things I've Learned," *MovieMaker*, June 5, 2013, www.moviemaker.com/jim-jarmusch-5-golden-rules-of-moviemaking/.

238 Ernest Hemingway, *A Moveable Feast: The Restored Edition* (New York: Scribner, 2010).

239 William Deresiewicz, "Solitude and Leadership," *American Scholar*, March 1, 2010, theamericanscholar.org/solitude-and-leadership/.

240 Robert Frost, "The Road Not Taken," *Atlantic Monthly* (August 1915).

241 "Study: 70% of Facebook Users Only Read the Headline of Science Stories Before Commenting," *Science Post*, March 5, 2018, thesciencepost.com/study-70-of-facebook-commenters-only-read-the-headline/.

242 Sarah Zhang, "The One-Paragraph Letter from 1980 That Fueled the Opioid Crisis," *Atlantic*, June 2, 2017, www.theatlantic.com/health/archive/2017/06/nejm-letter-opioids/528840/.

243 Ronald Melzack, "The Tragedy of Needless Pain," *Scientific American*, February 1, 1990, www.scientificamerican.com/article/the-tragedy-of-needless-pain/.

244 Art Van Zee, "The Promotion and Marketing of OxyContin: Commercial Triumph, Public Health Tragedy," *American Journal of Public Health* 99, no. 2 (February 2009): 221–227, www.ncbi.nlm.nih.gov/pmc/articles/PMC2622774/.

245 Pamela T. M. Leung, Erin M. Macdonald, Irfan A. Dhalla, and David N. Juurlink, letter to *New England Journal of Medicine*, June 1, 2017, www.nejm.org/doi/full/10.1056/NEJMc1700150.

246 Marilynn Marchione, "Painful Words: How a 1980 Letter Fueled the Opioid Epidemic," Associated Press, May 31, 2017, apnews.com/article/health-ma-state-wire-us-news-business-epidemics-9307eb6e8b3c4970bb2a6344a09b0170.

第十一章

247 Jordan Ellenberg, *How Not to Be Wrong: The Power of Mathematical Thinking* (New York: Penguin Books, 2015).

248 Henry David Thoreau, *Walden; or, Life in the Woods* (Boston: Ticknor and Fields, 1854).

249 Amanda Palmer, *The Art of Asking, or, How I Learned to Stop Worrying and Let People Help* (New York: Grand Central Publishing, 2014).

250 Richard Zacks, *An Underground Education: The Unauthorized and Outrageous Supplement to Everything You Thought You Knew About Art, Sex, Business, Crime, Science, Medicine, and Other Fields of Human Knowledge* (New York: Anchor Books, 1999), 19.

251 Maya Angelou, Distinguished Annie Clark Tanner Lecture, 16th annual Families Alive Conference, May 8, 1997, Weber State University, Ogden, Utah, awpc.cattcenter.iastate.edu/2017/03/21/the-distinguished-annie-clark-tanner-lecture-may-8-1997/.

252 Michael H. Keller, "The Flourishing Business of Fake YouTube Views," *New York Times*, August 11, 2018, www.nytimes.com/interactive/2018/08/11/technology/youtube-fake-view-sellers.html.

253 Max Read, "How Much of the Internet Is Fake? Turns Out, a Lot of It, Actually," *New York*, December 26, 2018, nymag.com/intelligencer/2018/12/how-much-of-the-internet-is-fake.html.

254 Taylor Lorenz, "Rising Instagram Stars Are Posting Fake Sponsored Content," *Atlantic*, December 18, 2018, www.theatlantic.com/technology/archive/2018/12/influencers-are-faking-brand-deals/578401/.

255 *Miss Americana*, directed by Lana Wilson (Tremolo Productions, 2020).

256 Andre Agassi, *Open: An Autobiography* (New York: Alfred A. Knopf, 2009).

257 Laura Belgray newsletter, talkingshrimp.activehosted.com/index.php?action=social&chash=b6edc1cd1f36e45daf6d7824d7bb2283.983&s=1b1ffcfd9ceaa89d13a6921ec91e51ef.

258 Marc Andreessen, "Pmarca Guide to Personal Productivity," *Pmarchive*, June 4, 2007, pmarchive.com/guide_to_personal_productivity.html.

第十二章

259 Tom D. Crouch, *Wings: A History of Aviation from Kites to the Space Age* (New York: W. W. Norton & Co., 2004), 8.

260 Erin Blakemore, "The First Nonstop Flight Across the Atlantic Lasted 16 Harrowing Hours," History, June 13, 2019, www.history.com/news/first-transatlantic-flight-nonstop-alcock-brown.

261 Paul Krugman, "Why Most Economists' Predictions Are Wrong," *Red Herring*, June 10, 1998, web.archive.org/web/19980610100009/http://www.redherring.com/mag/issue55/economics.html.

262 David Emery, "Did Paul Krugman Say the Internet's Effect on the World Economy Would Be 'No Greater Than the Fax Machine's'?," Snopes, June 7, 2018, www.snopes.com/fact-check/paul-krugman-internets-effect-economy/.

263 Philip E. Tetlock, *Expert Political Judgment: How Good Is It? How Can We Know?* (Princeton, NJ: Princeton University Press, 2017).

264 Tetlock, *Expert Political Judgment*, xx.

265 Colin F. Camerer and Eric J. Johnson, "The Process-Performance Paradox in Expert Judgment: How Can Experts Know So Much and Predict So Badly?," in *Toward a General Theory of Expertise: Prospects and Limits*, edited by K. Anders Ericsson and Jacqui Smith (Cambridge: Cambridge University Press, 1991), 195–217.

266 Stephen Fleischfresser, "Ultra-Violet Confirms 'Darwin's Moths,'" *Cosmos*, August 20, 2018, cosmosmagazine.com/nature/evolution/ultra-violet-experiment-confirms-darwins-moths/.

第十三章

267 Ferris Jabr, "How Does a Caterpillar Turn into a Butterfly?," *Scientific American*, August 10, 2012, www.scientificamerican.com/article/caterpillar-butterfly-metamorphosis-explainer/.

268 Joseph Campbell, *A Joseph Campbell Companion: Reflections on the Art of Living* (Mill Valley, CA: Joseph Campbell Foundation, 2011).

269 Glennon Doyle, *Untamed* (New York: Dial Press, 2020), 74.

270 Elena I. Antonakou and Lazaros C. Triarhou, "Soul, Butterfly, Mythological Nymph:

Psyche in Philosophy and Neuroscience," *Arquivos de Neuro-Psiquiatria* 75, no. 3 (March 2017): 176-179, www.researchgate.net/publication/315598495_Soul_butterfly_mythological_nymph_Psyche_in_philosophy_and_neuroscience.

結語

271 Carl Sagan, *Demon Haunted World: Science as a Candle in the Dark* (New York: Ballantine Books, 1997).

272 Tim Urban, "Your Family: Past, Present, and Future," Wait But Why, January 28, 2014, waitbutwhy.com/2014/01/your-family-past-present-and-future.html.

國家圖書館出版品預行編目（CIP）資料

終於成為自己：覺察內在原力的完整練習，告別從眾，找到你的第一原理，成就潛藏的真心渴望／歐贊．瓦羅 (Ozan Varol) 著；韓絜光譯 . -- 臺北市：天下雜誌股份有限公司 , 2025.03
320 面 ; 14.8×21 公分 . --（心靈成長）
譯自：Awaken your genius : escape conformity, ignite creativity, and become extraordinary
ISBN 978-626-7468-78-4（平裝）

1. CST：自我肯定　2. CST：自我實現　3. CST：創造性思考

177.2　　114000740

心靈成長113

終於成為自己

覺察內在原力的完整練習，告別從眾，找到你的第一原理，成就潛藏的真心渴望

Awaken Your Genius: Escape Conformity, Ignite Creativity, and Become Extraordinary

---

作　　者／歐贊．瓦羅 (Ozan Varol)
譯　　者／韓絜光
封面設計／Dinner Illustration
內頁排版／邱介惠
責任編輯／盧羿珊（特約）、張齊方

天下雜誌群創辦人／殷允芃
天下雜誌董事長／吳迎春
出版部總編輯／吳韻儀
出 版 者／天下雜誌股份有限公司
地　　址／台北市 104 南京東路二段 139 號 11 樓
讀者服務／（02）2662-0332　傳真／(02）2662-6048
天下雜誌GROUP網址／ http://www.cw.com.tw
劃撥帳號／01895001天下雜誌股份有限公司
法律顧問／台英國際商務法律事務所．羅明通律師
製版印刷／中原造像股份有限公司
總 經 銷／大和圖書有限公司　電話／（02）8990-2588
出版日期／2025 年 3 月 5 日第一版第一次印行
定　　價／430 元

書 號：BCCG0113P
ISBN：978-626-7468-78-4（平裝）

直營門市書香花園　地址／台北市建國北路二段6巷11號　電話／02-2506-1635
天下網路書店　shop.cwbook.com.tw　電話／02-2662-0332　傳真／02-2662-6048
本書如有缺頁、破損、裝訂錯誤，請寄回本公司調換